A Annel,

merci, de votre intérêt

Bon Salon

Affectueusement

Jean-François
✝

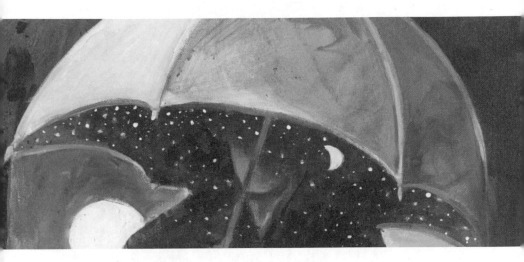

L'AVIS
mental

vaincre la maladie et ses tabous

l'ABC
..de l'édition

RAIDDAT
Défense des droits
en santé mentale

Ressource d'aide et d'information en
défense des droits de l'Abitibi-Témiscamingue
Téléphone : 819 762-3266
Sans frais : 1 888 762-3266
raiddat3@cablevision.qc.ca
www.lino.com/~raiddat

L'ABC de l'édition
Rouyn-Noranda (Québec)
www.abcdeledition.com
info@abcdeledition.com

Illustration de la couverture :
Norbert Lemire, artiste peintre

Conception graphique, montage et couverture :
Le Canapé communication visuelle

Révision :
Jeanne-Mance Delisle
Andrée Marcotte

ISBN 978-2-922952-42-1

Dépôt légal
            -Bibliothèque nationale du Québec, 2011
            -Bibliothèque nationale du Canada, 2011

Catalogage avant publication de Bibliothèque et Archives nationales du Québec et Bibliothèque et Archives Canada

Vedette principale au titre :
   L'avis mental : vaincre la maladie et ses tabous
   (Collection Brise d'océan)
   ISBN 978-2-922952-42-1

1. Malades mentaux - Québec (Province) - Biographies. 2. Maladies mentales. 3. Discrimination à l'égard des malades mentaux - Québec (Province). I. Delisle-Roy, Jean-François, 1972- . II. RAIDDAT.

RC464.A1A94 2011   616.890092'2714   C2011-940715-9

L'initiative du projet du livre *L'Avis mental* : faire connaître la maladie mentale et s'inspirer de la réalité de ceux qui en souffrent pour façonner sans cesse ce lien humain indispensable entre les divers milieux qui constituent une société. Les forces culturelles et bénévoles se sont groupées pour travailler à la production de cet ouvrage.

Mais rien ne peut réussir sans l'aide financière de ceux qui ont le désir et le pouvoir de maintenir leur engagement envers le milieu dans lequel ils ont conscience de l'importance de leur implication.

Pour leur générosité de cœur, **nous remercions nos forces culturelles et bénévoles**, et particulièrement l'ouverture d'esprit de **ceux qui ont accordé leur contribution financière**.

L'édition de ce recueil a été financée en partie par Service Canada, dans le cadre du Fonds d'intégration pour les personnes handicapées.

PARTENAIRES

La Table régionale travail Abitibi-Témiscamingue, mettre en valeur les compétences des personnes vivant avec une ou des limitations fonctionnelles.

 Le Pont de Rouyn-Noranda est un organisme communautaire qui a pour mandat la réadaptation ainsi que l'intégration sociale et professionnelle des adultes aux prises avec des problèmes en santé mentale. Dans un souci d'offrir des services de qualité qui correspondent aux besoins des gens, notre collaboration avec le RAIDDAT est essentielle.

Blaise Rodrigue Ngoune et Marie-Michelle Aubertin, partenaires dans la réalisation du projet d'employabilité pour Jean-François Delisle-Roy.

REMERCIEMENTS PARTICULIERS

D'abord, merci à tous les témoins qui ont donné la vie à ce recueil.

À Lyne Fortin, de L'ABC de l'édition, en Abitibi-Témiscamingue, pour avoir spontanément et généreusement accepté de publier ce recueil.

À France Riel, directrice du RAIDDAT, pour son constant soutien, pour son esprit de décision et son initiative efficace dans la recherche de fonds pour la réalisation de ce projet.

À Blaise Rodrigue Ngoune, stagiaire en travail social, pour son aide dans les rencontres avec les personnes-témoins et pour son soutien et son implication à chaque étape du projet.

À Norbert Lemire, artiste peintre reconnu, à qui l'on doit la magnifique page couverture. Notre reconnaissance lui est acquise pour l'atelier donné à ceux et celles qui ont accepté d'y participer et dont les peintures illustrent ce recueil.

À Jeanne-Mance Delisle, écrivaine, pour son aide si précieuse dans la révision des textes et pour m'avoir si gentiment guidé dans mon cheminement.

À Andrée Marcotte, ex-professeure, pour son aide exceptionnelle.

Jean-François Delisle-Roy

Aucun de nous ne peut se sauver seul…
Extrait d'une citation de Jean-Paul Sartre

Le RAIDDAT s'adresse à tout individu qui, peu importe ses difficultés d'ordre émotionnel ou autre, veut être considéré d'abord et avant tout comme une personne et un citoyen à part entière.

Le projet du recueil *L'Avis mental* fut pour le RAIDDAT une expérience enrichissante, surtout par la création d'un poste de Rédacteur pour une personne souffrant de santé mentale. Pour cette personne ce fut aussi un projet d'employabilité, bravo à Jean-François pour une histoire achevée.

Pour nos membres ce fut une réussite car souvent les gens atteints de maladie mentale sont exclus de la vie communautaire. Ce projet a cherché tout particulièrement à leur ouvrir des portes, à faire profiter les autres de leur vécu et de leurs talents, et à permettre la création de liens et d'amitiés dont chacun a besoin pour garder un bon état mental.

Nous avions aussi les préalables nécessaires pour garantir le succès de cet ouvrage. Grâce aux relations et aux partenariats formés tout au long du projet, on a pu rassembler des personnes qui autrement ne se seraient jamais rencontrées. Voilà donc une nouvelle façon d'ouvrir les portes de la collectivité à des personnes marginalisées.

Bonne lecture !
France Riel, directrice
RAIDDAT

À ces grandes personnes qui ont bien besoin d'être consolées
St-Exupéry, *Le Petit Prince*

C'est à écrire sur moi-même et mon cheminement dans la vie, c'est à côtoyer des gens avec un problème de santé mentale dans les milieux de rassemblement, comme le Pont de Rouyn-Noranda, que l'idée m'est venue d'un petit recueil de témoignages, de confidences, de partages avec ceux et celles qui, comme moi, à un moment de leur vie, ont fait la brutale découverte de la maladie mentale.

Les rencontres ont eu lieu en toute simplicité, malgré mon appréhension, car j'ignorais si un tel projet allait plaire et inciter des personnes à partager des moments de vie d'une importance considérable pour elles comme pour moi. Ceux et celles qui ont répondu à mon invitation ont toute ma gratitude pour la générosité dont ils-elles ont fait preuve en acceptant de lever le voile sur leur propre expérience de vie, sur ce mal-être profond et douloureux qui est d'avoir à vivre quotidiennement avec une problématique en santé mentale. Certains d'entre eux sont revenus deux ou trois fois pour exprimer davantage leur détresse, leur difficulté à vivre, mais aussi leur espoir dans une vie plus équilibrée, satisfaisante et heureuse.

À cause des stéréotypes, des tabous, et des nombreux mythes qui existent, les personnes qui souffrent d'un trouble en santé mentale sont, malheureusement, trop souvent marquées du signe de la honte, étiquetées, rejetées, méprisées. Ce stigmate qu'éprouvent les personnes atteintes peut être encore plus nuisible que la maladie elle-même. En conséquence, nombreuses sont celles qui se refusent à demander de l'aide. Elles subissent davantage de souffrances alors que :

La plupart des maladies mentales peuvent être traitées efficacement.

Plus il y aura de gens informés sur les différentes problématiques en santé mentale – un Québécois sur six souffrira d'un trouble mental au cours de sa vie – plus la chance de se faire soigner rapidement et de vivre une vie stable et harmonieuse sera possible.

Il est pensable et réalisable aussi, comme c'est le cas de certains témoins dans ce recueil, de réintégrer le marché du travail, de reprendre des études, de s'engager dans la création d'une entreprise, dans la création artistique, dans un travail social, ou de mener une vie active dans une saine retraite. Pour ceux dont la mauvaise santé physique s'ajoute à une problématique en santé mentale – les empêchant de travailler à l'extérieur – il existe des moyens de se sentir mieux et de faire face à la souffrance et à la solitude, avec le secours d'une médication équilibrée et l'aide d'organismes qui apportent un soutien continuel dans leur milieu de vie.

Les personnes qui sont affligées d'une maladie mentale ne doivent pas être diminuées ni blessées ni insultées. Elles ont droit à la compréhension et au respect de tous.

Ce recueil est un aveu... et une réalité.

Jean-François Delisle-Roy
Responsable du projet
RAIDDAT

« Le parapluie, symbole de protection, **mission première du RAIDDAT**. Ce parapluie forme une sorte de sphère à l'intérieur, espace social, d'accueil et de CŒUR duquel peut se dégager la joie de vivre liée à la santé mentale. »

    - **Norbert Lemire**, artiste peintre

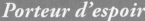

Porteur d'espoir

« En bas, à droite, je vois la maladie mentale – le feu – qui cherche à brûler un individu, alors qu'au-dessus de sa tête il y a ce **parapluie protecteur** qui, paradoxalement, bloque la montée du feu et déverse une PLUIE d'étoiles, laquelle éteindra les flammes ou, à tout le moins, les diminuera. Cette bulle protectrice est intégrée à l'individu, lui appartient et lui permettra de voir clair dans sa démarche, d'abord grâce à la lune, puis éventuellement dans la pleine lumière du soleil. Ainsi mon regard impressionniste de ce tableau. »

    - **Jacques Labrie**, psychiatre

« Quand quelqu'un vient dans un bureau de psychanalyste ou de psychologue, chez un psychiatre ou dans un groupe de travail, souvent il n'est pas une personne, il est une maladie. Il se prend pour une maladie. On va lui dire : *Tu prends ça bien trop au sérieux. Tu es un être humain qui produit un symptôme de violence, de dépression, de désespoir, mais c'est parce que tu es malheureux, et on va regarder les sources de cela. Et si tu retrouves le goût à la vie, peut être que le symptôme va disparaître et peut-être qu'il va rester, mais il n'aura plus la capacité de te définir.* Cette personne n'arrivera plus à dire : *Je suis juste épilepsie, ou juste maladie,* parce qu'elle aura redécouvert ses capacités créatrices et qu'elle saura qu'elle a dépassé largement cette définition. Elle saura que la maladie était un accident de parcours qui est survenu pour la ramener sur la voie d'elle-même. Et cela contre toute apparence, dans la logique profonde de l'être qui possède en lui-même un talent inné pour le bonheur, un talent que chacun de nous passe son temps à oublier. »

Extrait du texte de Guy Corneau tiré du livre *Le grand mal ou l'angoisse de vivre*

CE SERA TOUJOURS NOTRE ENFANT

L'amour ne voit pas avec les yeux, mais avec l'âme
Hubert Aquin

L'apparition de la maladie mentale modifie la vie de la personne atteinte et de son entourage : personne ne choisit cette maladie! Mais à partir de là, les parents peuvent faire une différence et aider le malade à contrôler sa maladie.

Il faut être proactif, aller chercher de l'aide, cogner à des portes, parfois poser des gestes difficiles... mais surtout demeurer positif et garder espoir!

L'isolement n'est pas une solution, il faut en parler et garder la tête haute : c'est une maladie!

Le suivi par des professionnels, la médication et le support des parents, la famille et l'entourage du malade sont des outils importants pour permettre à celui-ci de retrouver et de maintenir une bonne vie.

Les différents professionnels sont là pour aider la personne atteinte, d'abord à bien comprendre sa maladie et les impacts de celle-ci.

Ils sont également en mesure de lui faire accepter qu'une médication appropriée et son engagement personnel sont nécessaires pour lui permettre de tenir sa maladie à l'écart.

Les parents ont intérêt à maintenir une communication régulière avec ces professionnels, à s'intégrer positivement dans le processus du traitement de la maladie et surtout à leur faire confiance... eux aussi veulent le bien-être du malade.

Notre responsabilité de parents consiste davantage à accompagner le malade, à l'encourager à persévérer et à se donner de petites victoires régulières (pour refaire son estime et sa confiance), à l'aider à développer son autonomie et sa responsabilisation personnelle, à respecter ses nouvelles limites imposées par sa maladie et bien sûr à faire savoir à notre enfant qu'il pourra toujours compter sur nous et que nous l'aimons et l'aimerons toujours! Ce sera toujours notre enfant!

Regarder vers l'avant demeure la seule option pour aider la personne atteinte à faire une bonne vie!...

Suzanne Coutu et Ghislain Beaulieu

LES CONTRECOUPS

Ce qui est dans ton dos est dans ton dos. L'oubli est une science
Félix Leclerc

De mon témoignage, que je nommerai *dommages collatéraux*, j'aimerais qu'on retienne surtout une chose primordiale : les gens qui vivent dans l'entourage d'une personne atteinte de maladie mentale ont besoin, eux aussi, d'un appui. Les ravages que la schizophrénie engendre ont des conséquences inimaginables sur les personnes atteintes. Mais les nombreux contrecoups – auxquels il devient souvent impossible d'échapper – que subissent les proches d'une personne atteinte peuvent produire chez eux un déséquilibre ou désordre psychologique aussi grave que celui dont souffre la personne vivant une problématique en santé mentale.

En ce qui me concerne, ma vie a été malheureusement alignée sur une fausse piste. Tout simplement parce qu'à l'époque, l'expertise médicale était très limitée. De plus, jamais, en aucun temps, je ne me serais douté que tous les deux, mon frère et mon père souffraient de cette maladie. Les informations concernant les problématiques psychologiques étaient toutes, pour la plupart, reléguées dans le même « contingent ». En bon québécois, on mettait tous les œufs dans le même panier. Mon père, légèrement atteint de schizophrénie, a dû composer avec certaines réalités de sa vie qui n'ont guère aidé à son mal. Au-delà des apparences, trop souvent trompeuses, l'époque des années 1970, 1980 n'aidait en rien un quelconque support médical ou social. Les préjugés étaient rois et maîtres, et s'obliger à avouer une certaine détresse psychologique, en revenait à se voir tout simplement bon pour la camisole de force.

Malheureusement pour moi, ma mère est décédée alors que j'étais à peine sur le seuil de l'adolescence. Je fus donc laissé seul à moi-même en compagnie d'un père qui rejetait les symptômes de son problème d'un revers de la main en tentant de les noyer dans l'alcool. De l'autre côté, je voyais mon frère aîné détruire sa vie avec diverses drogues pour fuir l'horrible réalité que lui infligeait sa schizophrénie qui était en train de s'ancrer dans sa vie au début de son âge adulte. Mon paternel se reconnaissait en mon frère et pour cause! Ils étaient tous deux atteints de la même maladie. De ce fait, je ne pouvais me couler dans le moule familial de par ma « normalité ». Il faut comprendre que notre cellule à l'époque était composée d'une mère handicapée, atteinte d'arthrite sévère qui ne se déplaçait qu'en fauteuil roulant. Elle était aussi atteinte de diabète. Pourtant, en apparence, mon père et mon frère arrivaient à fonctionner très bien. Mon père beaucoup plus que mon frère, cependant. Ce dernier bifurqua totalement dans des *dédales déments* au début de sa vingtaine, pour finir SDF (sans domicile fixe) dans les rues de Montréal où il mourut, loin des siens. Je fus plusieurs années sans avoir de nouvelle de lui. Longtemps j'ai cru qu'il s'était fait une vie et qu'il ne tenait pas à nous y inclure. Je me suis donc acharné à essayer de me faire aimer d'un père qui, finalement, ne pouvait pas me donner ce que j'espérais tellement, en vain.

Je ne veux et ne peux pas dire que la maladie dont étaient atteints deux des membres de ma famille a détruit ma vie. Ce serait faux, et du coup, ce serait d'admettre que l'homme que je suis devenu est une imposture. Ce ne serait pas réaliste de ma part. En revanche, si j'avais été renseigné, j'aurais pu m'éviter certains déboires personnels. Je me suis senti, à tort, trahi, mal-aimé et responsable de quelque chose dont je n'avais même pas idée de son existence même. L'information et les droits des personnes atteintes de maladie mentale se doivent d'êtres transmis, et une approche thérapeutique doit être mise en place pour les proches des personnes atteintes. Une bonne partie de ma vie a été un véritable enfer à cause du manque d'information et de support auxquels j'avais droit. Au lieu de cela, j'ai beaucoup souffert d'être laissé à moi-même et par conséquent, j'ai aussi fait souffrir d'autres personnes que j'aimais.

Une vie, ma vie, s'est construite sur des assises d'ignorance. J'ai confronté inutilement mon père et mon frère, absolument pour rien. Leur incapacité à pouvoir faire face à une réalité qui n'était pas la leur était une chose évidente, mais incompréhensible à l'époque, à cause du manque d'information. Aujourd'hui, malgré des regards neufs, beaucoup trop de préjugés envahissent encore notre société… Mais à qui la faute ? Nous sommes passés d'un extrême à l'autre où le prétexte d'une quelconque maladie mentale sert à s'octroyer des journées de congés supplémentaires, imprévus au calendrier. Pendant ce temps, des personnes souffrent pour de vrai et elles nagent dans la peur, l'ignorance, entourées de tabous plus destructeurs les uns que les autres.

En conclusion, je crois qu'il faudrait beaucoup plus informer pour faire un équilibre à la désinformation qui circule au sujet des maladies mentales.

Malheureusement, je n'ai été mis au courant de l'état psychologique de mon frère qu'à sa mort, survenue en juin 2006. Par le rapport que me fit la travailleuse sociale sur son comportement, j'ai compris alors, et j'ai reconnu les mêmes symptômes chez mon paternel qui, lui, est décédé au début juillet 2006. **L'information et le support**, voilà les clés du succès pour venir en aide aux personnes VRAIMENT dans le besoin.

D. Poirier

ÉCOUTEZ-NOUS

Tout désir, même celui de parler, est un désir de vivre
Hubert Aquin

Je viens de Guigues, Témiscamingue.

Depuis l'âge de six ans, j'habite Rouyn-Noranda. J'ai trois sœurs et deux frères. Mes parents sont décédés. J'ai eu un bon père et une bonne famille.

Je préfère parler de mon enfance à l'école. Je vivais le bonheur à l'école, j'ai de beaux souvenirs, et dans mes dessins, il y avait toujours de grands sourires. J'aimais également colorier. Un professeur disait que j'étais dans la lune mais ce n'était pas vrai. Une plainte a été envoyée au RAIDDAT : le professeur a reçu une lettre et le problème a été résolu. Lorsqu'on m'a dit que j'avais des difficultés d'apprentissage, je ne voulais plus aller à l'école. J'ai continué quand même, jusqu'à l'âge de dix-sept ans. J'ai fréquenté une école alternative avec une gang de durs que j'essayais de calmer pour qu'ils restent tranquilles. J'ai eu des cours de base. Lorsque j'avais trop de difficultés, je dessinais. On me laissait à moi-même, en me disant : « Essaie-toi. » Je n'ai eu aucun encadrement, aucune aide, j'ai été barrée à l'école. J'ai tenu bon et j'ai tout de même reçu un certificat mais non approuvé par le Ministère de l'Éducation.

On appelait la police quand je faisais des fugues pour m'envoyer à la maison Rouyn-Noranda. Une fois, j'ai menacé l'école en leur disant que je viendrais avec une carabine…

Enfin, un jour, j'ai pu partir.

Mon père ne voulait pas que je prenne des médicaments. J'aimais beaucoup mon père, moins ma mère qui en avalait trop. Ils se sont séparés, j'avais six ans. J'ai commencé tôt la boisson. Je buvais à la maison avec mon père qui travaillait. Mon meilleur souvenir d'enfance remonte à un Noël, en famille. J'avais pris de l'alcool et fumé une cigarette. J'étais alcoolique en tout bas âge.

Après la mort de mon père, j'ai été déclarée bipolaire et j'ai pu commencer un traitement. J'ai été en pension avec une fille que je connaissais. J'ai fréquenté les bars pour danser. Sans alcool.

Depuis neuf ans, je fréquente le Pont et, depuis ce temps, je prends des médicaments. C'est par une intervenante de Clair Foyer que j'ai pu travailler au Pont, après cinq ans.

Je n'ai jamais été hospitalisée en psychiatrie. Mon psychiatre me prescrit une légère médication (5mg de *Zyprexa* par jour).

Cela fait cinq ans que je suis dans mon loyer. J'ai dû faire un choix et laisser tomber la boisson. Je peux me vanter de ne pas avoir de dettes. J'ai eu un héritage de mes parents, je me suis acheté des meubles. Cela a fait beaucoup de chicanes avec la famille. Aujourd'hui ça va mieux.

Je connais beaucoup de monde à Rouyn-Noranda surtout au Pont, j'y ai beaucoup d'amis garçons et filles. Des amies de longue date, comme Annette. Je ne trouve pas la vie dure. Je suis satisfaite de ma vie : j'ai un ami, une bonne relation depuis quatre ans.

J'ai eu de *l'aide sociale* depuis l'âge de dix-huit ans. J'ai fait plongeuse et plusieurs projets à l'emploi. On voulait m'envoyer chez Manutex, mais moi, je voulais travailler au Pont.

J'ai fait un petit voyage à Montréal dernièrement pour une réunion sur la pauvreté. Là, j'ai remarqué que nous ne sommes pas respectés lorsqu'on se rend compte que nous sommes des assistés sociaux.

J'ai de la fierté, je veux du respect partout où je vais. Dans les restaurants. Partout. Un petit exemple : j'étais au St.-Hubert, je ne voulais pas de frites dans mon assiette, on me les a chargées quand même. Je ne suis pas retournée à ce restaurant depuis.

Quand je vois quelqu'un fouiller dans les poubelles, ça me donne une leçon de vie. Je me dis que je suis chanceuse d'être parvenue à une bonne condition de vie agréable mais pas au-dessus de mes moyens.

Je me considère comme une personne aimable, généreuse, ambitieuse et calme. La vie c'est un arbre. Un enfant qui se développe. Moi, je ne veux pas d'enfants de peur qu'ils soient malades comme moi. Mais je les aime tellement, je les aime trop, je voudrais les étouffer!

Je mets un peu de folie dans ma vie. Le soleil est beau, je suis une bonne vivante. Paisible. Je prends les beaux paysages en photos, j'achète des choses pas trop chères, comme une montre. J'apprécie les petits moments heureux, les choses simples. J'ai une bonne estime de moi-même. Aujourd'hui, je me considère heureuse et j'ai un bon moral. Je veux me faire respecter partout. Je bois une bière de temps en temps (mais je ne prends que

5 mg de *Zyprexa* au coucher). Je suis totalement anti-drogue.

Il aurait fallu que je prenne des médicaments étant plus jeune…

ROSE

La vie c'est un arbre. Un enfant qui se développe. Moi, je ne veux pas d'enfants de peur qu'ils soient malades comme moi.

ROSE

Mon diagnostic : schizo affectif et bipolaire.

J'ai cinquante-six ans, j'ai une fille et deux petits-enfants. Mon mari et moi avons fêté nos vingt-cinq ans de mariage. Mon couple a passé à travers plusieurs épreuves et nous avons survécu.

Au début, j'ai fait une dépression situationnelle, à cause du décès de ma mère. J'ai été hospitalisée plusieurs fois. Le plus longtemps a été 6 mois. Je ne parlais plus, je ne mangeais plus et je ne dormais plus. Mon mari est venu avec moi à l'urgence. Ils m'ont montée au 6e étage en psychiatrie interne. J'ai eu des injections d'*Haldol*. Dans ce temps-là, je n'acceptais pas ma maladie. J'arrêtais de prendre mes médicaments. J'ai donc été internée souvent. J'ai été enfermée dans la *chambre d'isolement* une seule fois. J'en suis restée marquée pour la vie. Il est vrai que certaines personnes peuvent être dangereuses pour elles-mêmes ou pour autrui.

J'ai subi une grande injustice à être attachée pendant qu'on me donnait une piqûre. Y aurait dû y avoir d'autres solutions avant d'en arriver là !

Je travaillais dans une banque et ça n'allait pas bien, je ne pouvais pas donner de rendement. Je faisais des psychoses et j'étais incapable de travailler.

J'ai fait une tentative de suicide : on veut mourir pendant une fraction de seconde, en finir avec la souffrance, mais il y a toujours une étincelle qui nous ramène à la vie.

Quand j'étais en psychose, j'étais dans mon monde et je n'acceptais pas mon problème de santé mentale. D'ailleurs mon père est un « anti-pilules ». Aujourd'hui, j'accepte mon problème de santé mentale.

Mon premier psychiatre était fort sur les pilules. Mon deuxième psychiatre parlait beaucoup avec moi, j'appréciais ça. Mon troisième psychiatre est bien pour moi et je le vois au besoin.

Je prends de l'*Épival* (anticonvulsif) que l'on donne aux épileptiques habituellement. C'est pour l'anxiété. Je suis diabétique et les antidépresseurs me font engraisser.

Je prends un petit verre de vin à l'occasion. Déjà, j'ai fumé du *pot*, ça fait quatre ans que je ne fume plus et je vais bien comme ça. Le respect des autres c'est important par rapport à la consommation. Il faut respecter ceux qui ne consomment plus et qui ont choisi un autre mode de vie.

En ce moment je ne travaille pas à l'extérieur et je prends soin de moi. Mon mari a fait deux *burn-out*. Maintenant je m'occupe de l'éducation de mes petits-enfants. La psychiatrie, c'est sécuritaire; l'infirmière, le médecin ou le psychiatre sont là pour aider. On devrait avoir droit aux soins dans tous les hôpitaux. Ça devrait être la même chose que pour les troubles cardiaques, par exemple.

J'ai rencontré des personnes très intéressantes qui sont mes meilleurs amis, qui m'ont apporté beaucoup.

CARO

J'étais en train de regarder un film : *Le Saint*, avec Roger Moore. Tout à coup, j'ai été pris de délire et j'entendais des voix. C'est aussi brutalement qu'a commencé ma maladie (schizophrénie paranoïde).

J'étais à Québec au début de ma maladie ensuite, à Malartic. J'ai subi des électrochocs une quinzaine de fois. On m'a donné du *Lithium*, du *Ritalin* et de l'*Ativan*. Je n'ai jamais vraiment accepté ma maladie. J'ai tenté de me suicider, j'ai avalé toutes les pilules de mon pilulier.

Quand j'étais mal je le disais, on me répétait qu'il fallait que je vive avec mon anxiété.

Je pouvais me trouver n'importe où et la crise me tombait brusquement dessus. Paf ! L'angoisse qui pogne ! Je me sentais mal, j'avais des hallucinations : tout devenait gris, noir, blanc et brillant. Ces maudites crises d'anxiété ! J'en ai eu des paquets ! – mais je n'ai jamais été dangereux. Comment expliquer comment c'était douloureux ce qui m'arrivait ? Je ne pesais même pas cent livres ! Conscient à chaque seconde, avec l'envie de disparaître, je me disais : « Je me coupe les poignets et la police va m'amener en prison. » J'ai donné un coup de pied sur le bureau du psychiatre.

Une fois on m'a mis la camisole de force quelques heures. Un médecin m'a dit qu'il fallait que je vive sans contention et que je pouvais vivre bien et aujourd'hui, c'est vrai ! J'ai été au 6e à l'interne en psychiatrie à Rouyn et j'ai fait de l'ergothérapie.

Dans le temps, je vivais avec 35 $ par mois de BS. Aujourd'hui, à soixante-sept ans, je vis avec ma pension de vieillesse. Ça fait quarante-deux ans que je suis malade; pour un gars qui était malade comme moi, je suis bien aujourd'hui. Je prends toujours ma médication – une pilule pour le cœur et du *Clozaril*, soir et matin – ma responsable de la famille d'accueil où j'habite depuis un an et plus s'en occupe. Depuis 1968, je n'ai jamais réentendu de voix. C'est étonnant comme je me sens bien maintenant. Mon psychiatre est bon pour moi.

Je ne fume plus depuis un an et je vais mieux. Je me dis : « On est mieux, n'est-ce pas ? » Je me retrouve complètement à l'opposé de ce que j'étais.

Ma mère m'a donné le nom de Jeannot. Mes parents sont décédés aujourd'hui, mes deux sœurs sont vivantes. Certains membres de ma famille étaient bien mais pas d'autres. J'ai eu une bonne enfance, j'aimais le hockey et le baseball ensuite j'ai été à l'école des Arts et Métiers. Avec Denis, je jouais au ping-pong souvent et aux échecs avec mon ami Luc.

Je crois que je n'étais pas mal vu même si on disait : « le fou à B. », c'était pas méchant. Le plus dur, c'était ces voix qui me disaient : « Tue-toi ! » ou : « Fesse-le avec la batte ! ».

J'ai travaillé à la Voirie (à faire des calvettes en béton) et au Bureau des Postes. Je me voyais sombrer dans la folie et j'ai cessé de travailler. En 1968, j'ai craqué : délire et anxiété; je plafonnais et je n'étais plus disponible à écouter les autres. Un gars m'a dit que j'étais comme un bateau sans gouvernail.

Après 1969, j'ai cessé le travail. Je faisais des casse-tête. Mon frère a gagné 250 000 $ à la loto, il m'a donné 25 000 $. On jouait aux cartes. Je suis toujours maniaque du hockey.

Ça va mieux, je prends régulièrement mes pilules et je suis stable. Je ne bois pas d'alcool. Je ne veux pas être malade. J'ai quand même peur de retomber en crise.

JEAN-LUC

*Agoraphobie : peur des espaces découverts, des endroits, peur de la foule, peur d'être coincé, de ne pouvoir s'enfuir en cas de panique.

*Phobie sociale : crainte intense d'être humilié dans des situations sociales, d'être embarrassé devant les autres, peur de la désapprobation.

*Asocial : personne considérée antisociale, bohème, inadaptée, marginale.

J'avais des hallucinations : tout devenait gris, noir, blanc et brillant.
Aujourd'hui je suis stable. Je me dis : « On est mieux, n'est-ce pas ? »

JEAN-LUC

*A*u primaire, j'étais à l'école de Destor où j'ai connu Jean-François et sa mère qui m'a fait aimer le théâtre. On a fait une pièce de théâtre et cela a été très enrichissant pour toute la classe. J'aurais dû continuer, peut-être que cela m'aurait aidé à m'extérioriser. J'ai adoré cette expérience et sa mère m'a aidé à écrire mon texte, j'avais un privilège. J'avais de la difficulté à rédiger mon texte et au lieu de me blâmer, j'avais besoin d'aide et sa mère m'a donné un entretien privé.

À quinze ans quand j'ai eu mon vélomoteur, j'ai eu un accident et je me suis fracassé la tête. Je pensais mourir, j'ai couru voir mon père en lui disant : « Je vais mourir, fais ça vite ». Et la panique montait en dedans sans même savoir que je vivais ma première vraie crise de panique. Rendu à l'hosto, ma cage thoracique empêchait l'air de circuler : j'arrivais à peine à respirer et, en même temps, je pensais avoir une crise de cœur : des sueurs, souffle court, tremblements, battements de cœur accélérés.

À dix-sept ans, à cause d'un joint de hasch avec mes amis j'ai eu une autre crise de panique. J'ai été à l'hôpital, me faire soigner. Je n'ai pas eu de prise en charge à ce moment-là, puisque personne ne m'a rencontré et je suis resté dans la cour de l'hôpital.

À vingt-deux ans, j'habitais avec mon meilleur ami mais lui faisait juste parler de suicide soit avec moi ou avec sa blonde, assez que nous le prenions de moins en moins au sérieux. Un soir quand je suis rentré d'une sortie, mon ami avait mis son plan à exécution et il s'était pendu dans notre chambre. Nous vivions dans un trois pièces et demie et nous avions mis deux lits dans la même chambre et il s'est attaché aux gicleurs avec un drap mouillé. Je peux te dire que cette fois-là, j'ai su ce que c'est une crise de panique et d'anxiété. Sa mort m'a marqué au plus profond de moi.

Je me cherchais, j'angoissais. Personne ne me disait ce que j'avais. Donc, je suis tombé dans la bière. Pas de *pot*, ça me rendait paranoïaque. La bière la pédale au fond! Sur la cocaïne pendant dix ans, l'*adrénaline* dans le tapis! Je prenais des drogues qui vont vite.

La sensation qu'un lion te court après ou quelqu'un te court après avec un *gun* : tu te sauves! Un jour, ça devait arriver, la boisson ne m'enlevait plus mon angoisse. C'était comme les montagnes russes dans ma tête : les hauts et les bas du bipolaire. J'étais en haut, les médecins m'ont donné des pilules, je suis redescendu. Le *Lithium*, c'est égal, ça stabilise. Je prends du *Lithium*, une pilule pour l'estomac, et de l'*Ativan* au besoin. J'aurais aimé avoir une pilule qui me donne l'effet de la bière.

Grâce à mon garçon, je suis encore en vie. Il a maintenant douze ans, ça passe vite!

Le sport faisait que j'étais bien dans ma tête mais ils m'ont tout coupé ça, à un moment donné. « *Ils* disent que je suis bipolaire ».

C'est très dur que de vivre dans le monde. Vivre l'anxiété, ce n'est pas drôle. J'ai subi beaucoup de pression au travail, j'avais mal au ventre. Je travaille à la mine et je veux retourner à l'école pour aller chercher le cours d'extraction du minerai dont j'ai besoin pour travailler à la mine.

Dans les hauts, dans les bas, c'est tout le corps qui ne va pas, j'avais mal au ventre et au cœur.

Je dois rester stable.

Quand mon *chum* s'est pendu, c'est moi qui l'ai trouvé et décroché. Pour me calmer j'ai pris dix *Ativan* avec de la bière : là j'en entendais des voix et j'en voyais du monde! Qui n'était pas là, en fait. J'ai demandé à aller à l'hôpital.

Arrête les pilules, tombe dans la drogue et la boisson. Arrête la boisson retombe dans les pilules!

Sur le *speed*, un *chum* est resté sept jours debout, il entendait et voyait toutes sortes de choses irréelles et aujourd'hui il est schizophrène. La drogue mène à… plusieurs problèmes mentaux comme l'angoisse.

La semaine passée, j'ai rencontré dix docteurs, ils ont dit que j'étais l'expert! Mon psychologue m'a proposé de témoigner, de partager mon vécu devant des docteurs qui n'ont pas encore de diplôme, des résidants de Sherbrooke, Laval et Montréal.

Il y a des choses que j'aimerais faire mais ça m'arrête à cause de ma maladie.

Maintenant j'ai la garde de mon enfant, j'ai passé un an en cour avec sa mère. Je veux retourner aux études pour travailler dans les mines.

Cela fait dix ans que je suis avec ma blonde. Ma mère souffre de la maladie d'Alzheimer avancée, et je m'occupe d'elle. Ce n'est pas facile. S'il fallait que j'aille travailler, ça n'irait pas bien présentement. Les médecins veulent me mettre invalide et avec de l'aide sociale. Je m'en fous si je ne travaille pas jusqu'à la fin de mes jours. J'ai tout perdu, j'ai plus rien. J'ai dit que j'avais pris quatre-vingts livres et le médecin m'a fait arrêter mon médicament. Je sais que je fais de l'anxiété généralisée, chronique. Mon psychiatre me laisse mon *Ativan*. Avec mes crises d'anxiété, je ne pouvais pas aller travailler. Et depuis deux ans, je ne travaille plus du tout. Quand je suis tombé à temps plein c'est là que ç'a commencé à mal aller. Autrefois, j'étais incapable de rester tout seul. Sinon j'avais de l'anxiété. Le *Séroquel* ne me faisait pas jadis.

Dernièrement mon psychiatre m'a *jumpé* et il m'a dit qu'il était au bout de ce qu'il pouvait faire pour moi : « Retourne chez toi, c'est de l'anxiété chronique que tu fais » qu'il m'a dit et ça, sans un prochain rendez-vous.

Le matin, j'ai comme cent quatre-vingts peurs qui m'empêchent de sortir de chez moi mais quelques fois, je fonce avec toutes ces choses dans ma tête. J'ai arrêté le *Lithium*, ce n'était pas pour moi car je ne suis pas maniaco-dépressif. Avec ce médicament comme j'ai dit, c'est ni chaud ni froid. Ta mère pourrait mourir à côté de toi et tu n'aurais aucune réaction. Ma mère est une source d'anxiété pour moi.

Je ne voulais pas aller à l'école. Peut-être que là l'angoisse commençait. D'ailleurs à cet âge, je vivais des choses qu'un enfant ne devrait pas vivre. Mon rêve, c'est de rester dans le fond d'un rang. En ville, j'ai peur d'avoir peur. Quand je virais des « brosses », c'était honteux d'aller en ville, quand tu ne sais plus ce que t'as fait la veille, parce que tout le monde se connaît.

RODRIGUE S.

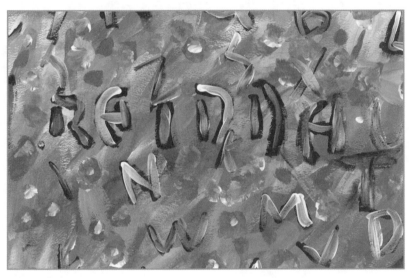

Dans les hauts, dans les bas, c'est tout le corps qui ne va pas.

RODRIGUE S.

On construit des maisons de fous pour faire croire à ceux qui n'y sont pas enfermés qu'ils ont encore la raison.

Montaigne (1533-1592)

*A*ujourd'hui, je suis dans la lune. Je suis épileptique et hier j'ai fait une crise. Quand je suis en état de crise, je tombe par terre, je ne m'en rends pas compte.

J'aurai cinquante-sept ans en janvier 2011. Présentement, je m'entends bien avec la responsable dans ma famille d'accueil. J'y suis depuis sept ans et je vais vieillir avec J. Je ne veux pas qu'elle parte. Je ne veux pas déménager. Je m'entends bien avec les gens là-bas et je ne veux pas déménager. J'ai un appareil à CD, *un walkman*, une télévision, etc.

Je suis tombée d'un 6ᵉ étage. J'ai eu une jambe et un bras cassés. J'écrivais de la main gauche – comme toi JF. – et j'ai dû apprendre à travailler avec ma droite; j'ai fait beaucoup de physiothérapie avec des instruments. Ça fait du bien.

J'ai passé dix années dans un sanatorium. C'est là que J. s'est présentée à moi : elle venait me chercher.

J'ai été hospitalisée en psychiatrie, juste une fois, à Rouyn-Noranda. Très dépressive et malade, j'hallucinais : je voyais des rats, des souris et une queue de chat. On me disait : « Ça n'existe pas. Il n'y a rien. » Je me disais tout bas que la responsable pourrait aller dans la chambre de torture (salle d'isolement). Je délirais. Mon psychiatre m'a donné des pilules. Des médicaments pour soigner l'épilepsie et la dépression. Une pilule pour la glande thyroïde. Huit pilules le matin, deux au souper et quatre le soir. Je constate que ma santé s'améliore. La médication me fait du bien; ça me soulage. Si je n'avais pas de médication, ça irait mal, très mal.

Il est interdit pour moi de sortir le soir, seulement le jour, permission de ma responsable. Alors, je vais aux Intrépides. Avant je faisais du ménage : aspirateur sur le tapis de Turquie, je faisais les lits, repassais les chemises. J'ai travaillé dans une garderie, je lavais les jouets. Les enfants me disaient : « Veux-tu pas laisser de sable dans les jouets ! » J'aurais aimé garder plus longtemps ce travail où je gagnais 10 $ par jour.

Je n'ai pas d'enfants et je veux rester célibataire. J'avais un *chum* américain et il est décédé. Quelqu'un m'a dit qu'il avait avalé une poignée de pilules, de l'*Haldol*. C'est lui que j'aimais le plus, on était bien ensemble, on avait un petit loyer à 200 $ par mois. C'était une bonne relation amoureuse. Quand il est décédé, ça m'a affectée. Je le vois dans sa tombe, ça me fait de la peine. Ma mère me disait que ce n'était pas un bon gars pour moi.

Ma mère est décédée à soixante et onze ans. J'ai eu de bons parents, un milieu très propre. Ma responsable me dit que je vais faire mon lavage si je me change trop souvent de vêtements ! Mon frère P. est malade : il fume. J'ai fumé pendant vingt ans, ça ne donne rien. Je ne touche pas à la drogue, jamais de ma vie. Mon frère D. a cinquante ans et il répond aux appels du 911 à la police. P. lui, ne travaille pas; il se promène à bicyclette. Ma sœur est en appartement, c'est un château chez elle. Ils m'ont aidée dans ma maladie; mon neveu est policier. Benoît était petit bébé quand il est venu me voir à Macamic.

Je suis contente parce que je ne suis pas morte lors de ma chute. Je veux rester dans ma famille d'accueil longtemps. Je suis contente d'être au monde et d'être une fille, mais j'aurais aussi aimé être un garçon. Je suis allée à l'école jusqu'en 6ᵉ année.

J'ai un petit livre. J'écris dedans mes pensées qui parlent de J. et des oiseaux perchés sur le toit d'une maison. Je crois que J. est une sainte et moi j'ai un don depuis que je suis tombée.

J'ai appris à faire mon budget. Je veux m'acheter des crayons de couleurs et colorier. Que le Seigneur vous bénisse.

HÉLÈNE

Je suis contente d'être au monde et d'être une fille, mais j'aurais aussi aimé être un garçon.

HÉLÈNE

Tout ce qui nous irrite chez les autres peut nous aider à nous comprendre nous-mêmes.

Jung Carl

J'ai vingt-six ans et je suis une femme active. J'aime beaucoup le métier que je fais et j'ai plein de bons amis. Je suis abstinente depuis maintenant trois ans. Ni drogue ni alcool. Je suis rétablie et je vais bien.

J'ai assisté à des réunions de Narcotiques Anonymes. Je n'ai pas fait de thérapie pour toxicomane, mais je vais régulièrement au N.A. J'essayais d'arrêter la consommation par moi-même, mais ç'a vraiment fonctionné avec des gens de N.A. qui ne consomment plus. J'ai également quelques amis qui m'ont aidée; toute seule, je n'y serais pas arrivée. Je consommais beaucoup et j'ai souvent été en psychiatrie. Je n'ai pas fait mon sevrage du jour au lendemain. J'ai consommé dès l'âge de douze ans et le chemin de l'abstinence n'a pas été facile.

Durant mes études, c'était dur d'étudier tout le temps gelée. Au début, c'était juste pour essayer et j'ai fumé du pot avec des amis. Progressivement, au Cégep, j'ai pris des drogues plus spéciales, des drogues dures. J'avais un mal intérieur à combler et en dernier je vivais surtout de la paranoïa. Dans mes psychoses, je croyais à une conspiration, que le monde me voulait du mal et je voyais des démons dans les scénarios que je me faisais.

J'ai un diagnostic de trouble de personnalité limite et psychotique. J'ai vécu presque en état constant d'anxiété. La psychiatrie ne m'a pas aidée et le Centre Normand non plus. Au centre Normand, ils ne comprennent pas que nous ne pouvons pas contrôler la consommation. C'est mon avis. Mais grâce aux Narcotiques Anonymes et au travail que j'ai fait sur moi-même, depuis que je ne consomme plus, je n'ai plus de trouble de personnalité limite et je n'ai plus de problème d'anxiété. Je suis chanceuse car souvent les gens qui consomment, restent avec des séquelles même s'ils arrêtent.

Les médicaments ont été la dépendance la plus difficile à dominer : j'étais accroc. J'ai pris une multitude de médicaments antipsychotiques. Je ne voulais pas être sur les médicaments toute ma vie et j'ai demandé à mon médecin de stopper la médication.

En fait, je savais que j'étais capable de vivre abstinente et sans médicament. J'ai fait beaucoup de lectures dans mon rétablissement pour éloigner les idées noires et la pensée négative, et travailler sur mon mental. Dans mon rétablissement, j'ai travaillé sur moi. J'avais des peurs et j'ai appris à les surmonter. J'avais honte de moi aussi et, à la fin, je n'avais plus du tout de fun à consommer. Je ne me respectais pas, j'étais dépendante affective. J'allais avec des hommes qui ne me plaisaient même pas. Quand je n'avais pas beaucoup d'argent, je prenais des drogues moins chères. J'ai eu des problèmes avec la justice à cause de la drogue. J'ai eu des conditions sévères comme rester chez moi pendant plusieurs mois. Maintenant il faut seulement que je garde la paix. Il n'y a rien d'impossible. Maintenant je peux faire ce que je veux mais je ne veux pas retourner consommer. Si mon témoignage peut aider quelqu'un ou même une seule personne, je serai contente.

Personne n'aurait pu croire que je m'en sortirais, ma mère m'a aidée, mais mon père consommait.

Aujourd'hui, j'ai une bonne habitude de vie, une spiritualité et je peux aider les autres dans leur démarche pour s'en sortir.

Je fais des témoignages dans N.A. Avant c'était de la paranoïa, c'était plus fort que moi : fallait que je consomme. Par la suite, quand j'ai vu des gens qui ne consomment plus, j'ai compris que c'était ce qu'il fallait que je fasse. J'ai besoin d'être entourée de gens qui sont abstinents et qui vivent sans drogue et alcool.

Les gens qui consomment n'ont pas encore fait l'expérience d'arrêter ce cercle vicieux. Je me suis concentrée sur comment m'en sortir. Je reste célibataire pour centrer ma vie sur le travail que je fais sur moi : tasser le démon pour faire place à l'ange… Faire confiance à la vie; peut-être que j'ai à apprendre quelque chose de tout ça. J'ai fait de la place à la spiritualité et maintenant j'essaie d'écouter mon intérieur et de voir les signes.

Des périodes de temps, j'ai pleuré et la souffrance m'a fait fléchir. Une journée à la fois, ensuite c'est de plus en plus facile et surmontable. Maintenant, ce qui est bon, c'est que j'ai toute ma tête. Une fois, je suis allée à un party de bureau et les gens étaient saouls; mais moi je gardais toute ma tête et je faisais de la publicité pour mon commerce. Je m'écoute et je fais les bons choix. Quand je vais chez mes parents, je ne bois pas et ils ne m'en offrent pas et, effectivement, je suis fière de moi.

Présentement, je vais mieux, je suis responsable et l'état de mes finances s'améliore de beaucoup. Je continue toujours à faire des meetings N.A. et j'aide les autres.

Il y a quelque chose de nouveau dans ma vie et dans ma carrière. J'étudie par correspondance pour offrir de nouveaux services à mon travail. J'ai plein de projets, de rêves et sans la consommation, je sais que je peux en réaliser plusieurs.

CHRISTIANE

Le chemin de l'abstinence n'a pas été facile. Je m'écoute et je fais les bons choix.

CHRISTIANE

J'ai un diagnostic de trouble de personnalité limite, avec des traits histrioniques passifs et agressifs, ce qui signifie des comportements symptomatiques mais pas de diagnostic définitif du trouble de la personnalité.

Les femmes atteintes de ce trouble de personnalité histrionique sont constamment à la recherche de l'attention des autres. Moi, c'est en relation de couple que je veux toujours attirer l'attention de mon partenaire. Je suis moi-même jalouse des autres.

En général, elles ont une belle apparence et elles l'utilisent pour séduire. Séductrices et provocantes, elles expriment leurs émotions d'une façon théâtrale, avec beaucoup de gestes et de paroles intenses – le rôle d'une « femme-enfant » qui peut provoquer beaucoup de jalousie chez les autres femmes. Toute jeune, j'étais effectivement séductrice. Ces attitudes émotionnelles exagérées sont superficielles et versatiles. Je ne suis pas d'un esprit superficiel, et j'ai tendance à m'effacer plutôt que d'attirer l'attention. De toute façon, je ne me suis jamais vraiment aimée.

En fait, pour moi, les situations dramatiques deviennent de plus en plus dramatiques. Cela crée des comportements d'enfant. J'ai peur que quelqu'un prenne ma place.

Un psychologue m'a dit que je n'apprendrais jamais de mes erreurs et que je n'ai aucune empathie pour les autres. Je n'arriverais pas à prendre soin de quelqu'un, encore moins d'un enfant. Il faut qu'on me dise ça et me voilà à travailler sur moi-même pour corriger ces lacunes. Le pire que tu peux me dire c'est que je n'arriverai pas à corriger des choses.

Chez moi, c'est donc des troubles de l'axe un et de l'axe deux : stress post-traumatique et anxiété sévère. Ce qui veut dire qu'à un moment donné où je m'attends à rien, où tout est calme, j'explose! C'est ce qui est en relation avec le trait passif-agressif. Quand cela arrive, je ne veux pas que personne me touche ou m'approche, je veux m'isoler.

Chez nous, lorsque j'étais jeune, c'est mon père qui avait toute la place. Quand j'ai réalisé que je pouvais prendre ma place... J'aime bien prendre ma place. Ça fait deux ans que je n'ai pas été hospitalisée; enfermée, je panique, c'est pourquoi je m'efforce d'éviter l'hôpital. Ça fait cinq ans que je ne prends plus de médicaments. Sauf, un essai d'anti-dépresseurs, mais il y avait trop d'effets secondaires. J'étais trop zombie. Je sais que les médicaments ne font que soulager les symptômes et ne guérissent pas la maladie.

J'avais treize ans lorsque soudainement tout a changé, ce n'était plus comme d'habitude. Bizarrement, j'ai perdu le Nord et j'ai décroché de la réalité. Alors ont commencé mes visites chez les intervenants, travailleurs sociaux. À vingt ans, c'est là que vraiment ç'a éclaté! À vingt-quatre, vingt-six ans, j'ai commencé la médication. J'ai pris des antidépresseurs, de l'*Épival* et du *Zyprexa*.

J'ai fait des conneries comme me faire des toasts au caramel en pleine nuit et me coucher avec; j'étais somnambule, je ne les ai même pas mangées, finalement.

Avec du *Desyrel trazodone* un médicament puissant, anti-dépresseur et antipsychotique en même temps, je voyais des extraterrestres qui voulaient me kidnapper. Mon *coloc* m'a amenée chez le médecin; une fois la crise passée, je retournais chez moi. Aussitôt que mes crises étaient passées, je voulais retourner chez moi.

Ensuite, j'ai pris du *Seroquel*. Jamais de longues hospitalisations, environ deux à trois jours. À Montréal, il y avait des centres de crise. C'était un internement de deux mois, moi j'y allais pour une semaine. Depuis l'âge de dix-huit ans, je suis autonome et je reste en appartement. Je suis demeuré seule, avec, parfois, quelques colocataires.

Récemment, mon psychiatre et moi avons décidé de tenter un sevrage et il a donné son accord pour que je n'aie plus de médicaments à prendre. Il m'a donné mon congé, mon diagnostic est toujours présent, mon dossier reste ouvert et s'il arrive quelque chose, je peux l'appeler.

Ça va bien depuis un an et demie, je fais de l'insertion sociale avec Mohamed (intervenant). Je participe à des ateliers de musique et j'anime des groupes. Il me donne beaucoup de responsabilités même si ce n'est pas évident pour moi. Je travaille toujours avec lui et le groupe deux fois par semaine.

J'ai trente-cinq ans et je reste dans un loyer à Noranda. Je vais commencer à donner des conférences cette année. Je vais expliquer pourquoi je m'en suis sortie sans médication. Avec les travailleurs de rue, je vais partager avec les étudiants en technique policière au Cégep.

Je viens de Montréal et je demeure à Rouyn depuis deux ans. J'ai un petit garçon de onze ans qui s'appelle Louis et un bébé fille de deux ans et demie en famille d'accueil. Mon garçon préfère demeurer chez son père à Montréal, plutôt qu'en Abitibi. La naissance de mon gars est l'événement le plus joyeux que j'ai vécu.

Aujourd'hui, je gère mes crises moi-même. Je suis toujours diagnostiquée et j'ai encore un psychiatre sauf que je ne prends plus de médicaments, même quand je suis hospitalisée. Je prends de la boisson socialement et je n'abuse pas.

Dans ma maladie, je reste accrochée à des idées irréelles, hors réalité. Je me fais des cartoons et aussi j'ai des idées suicidaires. J'ai déjà appelé quatre ou cinq fois par jour « Prévention suicide ». C'est un moyen de m'en sortir sans hospitalisation.

Un jour, mon *coloc* et moi, on a été en crise en même temps et la police a dû intervenir pour nous venir en aide. J'essaie d'avoir un *chum*, ça ne marche pas, je n'ai pas trouvé la bonne personne. Je n'entrevois pas de relation pour l'instant, mais la porte n'est pas fermée définitivement.

Je bouge beaucoup, je suis nomade et ça m'aide à maintenir mon équilibre. Je ne suis jamais chez moi et je vais probablement aller en voyage à Montréal prochainement. Je suis sociable – je suis curieuse, c'est mon petit défaut – mais pas tout le temps, j'aime bien m'isoler chez moi. C'est comme ça que je passe à travers mes crises. Je ne souffre pas de solitude. Avant je ne pouvais pas être seule, je marchais toute la nuit, et je dormais le jour.

Ma mère reste maintenant avec une blonde. Jeune, elle s'est mariée comme toutes les femmes à cette époque. Ma relation avec mon père est spéciale : quand je fais des conneries c'est mon frère le génial et quand c'est lui qui fait des conneries c'est moi la « top », la plus géniale.

Je suis sur l'aide sociale, je ne veux pas travailler pour l'instant à cause de mes crises. Aujourd'hui, par contre, j'ai des moyens naturels pour gérer mes émotions. Ça commence comme une boule dans le ventre. Je continue quand même à avancer et je mets mes émotions de côté. J'ai appris à les identifier et si je fais quatre ou cinq crises par semaine, je sais comment vivre avec.

J'ajoute à mon témoignage de plusieurs mois :

Beaucoup de choses ont changé. Je n'ai plus ou presque plus de symptômes de la maladie. Et je n'ai pratiquement plus de crises.

Je veux faire un certificat en psychologie, à l'Université, je rêve de devenir intervenante et avec mon bagage, je serai efficace.

Une petite anecdote : quelqu'un disait déjà à une amie : « Elle a l'air donc *ben* folle, es-tu folle cette fille-là ? » Aujourd'hui on dit : « Aie ! est donc *ben* intelligente cette fille-là ! »

N.C.

La question du sort de l'espèce humaine me semble se poser ainsi :
le progrès de la civilisation humaine saura-t-il, [...] dominer les
perturbations apportées par la vie en commun, par les pulsions
humaines d'agression et d'autodestruction ?

FREUD Sigmund, *Malaise dans la civilisation*

À la suite d'un événement, je suis tombé malade. Je faisais de la « micro-forêt », je parcourais de grandes distances à pied et je me suis brûlé physiquement. Je devais aller chez ma mère me reposer, mais mon beau-père n'était pas d'accord. J'ai pogné les nerfs et j'ai cassé des choses chez ma mère.

C'est là qu'a commencé ma maladie. Le lendemain matin, la police est venue m'embarquer : je me sentais devenir paranoïaque. Ils m'ont amené directement en prison à Amos – c'est un acte illégal – pour un petit vol de rien du tout, de la *coppe* dans une poubelle. La prison m'a épuisé. Mes droits n'ont pas été respectés. Ensuite, je suis allé en psychiatrie et j'ai commencé à prendre des médicaments. Je suis bipolaire, et je suis stable.

En psychiatrie, un médecin m'a surchargé de médicaments (on peut dire ici que c'est de la contention chimique) : c'est pourquoi je suis réticent face aux médicaments aujourd'hui. J'ai manqué trois ans de ma vie où j'ai eu une surdose de pilules.

Dans mon enfance, je souffrais de bronchite asthmatique, j'avais des allergies alimentaires et de l'eczéma chronique (j'avais des grosses gales). Plus tard, cela s'est atténué. De zéro à dix ans, j'ai passé en tout trois ans de ma vie à l'hôpital à cause de mes maladies physiques. Aujourd'hui, je prends une petite médication. Je crois que ma maladie mentale est reliée à beaucoup de solitude dans mon enfance et à mes maladies. J'étais un gars qui ne s'est pas senti accepté et pas à sa place. Je veux aller au Pont pour parler de mon enfance à mon intervenante.

Je suis fumeur depuis l'âge de quinze ans. C'est à partir de cet âge que j'ai aussi commencé à fumer du *pot* et du hachisch. Depuis un an, j'ai cessé de fumer du *pot*, mais je ne vois pas de changements réels. Mais maintenant je suis moins explosif.

Le *pot* rend agressif, et peut avoir comme conséquence d'aggraver le risque d'une schizophrénie, chez certaines personnes.

À la fin de ma consommation, ça n'allait pas. J'ai pris une *puff* ou deux et aussitôt je me suis senti mal. Ça devenait obsessif quand je manquais de pot, mais quand j'en avais, ça me dérangeait moins. De toute façon je me sentais angoissé devant la substance.

Pendant huit, neuf ans, j'ai fumé du pot sans arrêt. Aujourd'hui mes amis de consommation se sont « tassés ». Voilà quatre ans, je me suis acheté un vélo de 4500 $. Je suis en arrêt de travail et ça me gruge. J'ai 250 $ au lieu de 800 $ parce que je suis conjoint de fait avec ma blonde dans une petite maison mobile. Quand t'es malade, le gouvernement t'appauvrit et tu fermes ta gueule. Je n'aime pas la mécanique, je fais de la peinture et de la construction et je suis concierge.

Je suis né à La Sarre. J'ai été élevé à la Baie James de quatre à six ans et je suis parti à sept ou huit ans pour Boisbriand. Vers six ou sept ans mes parents se sont séparés et je suis resté avec ma mère. Mon père nous a laissés tomber. Au début j'ai demeuré avec mon père et à Boisbriand j'ai demeuré avec ma mère et c'est là que mon père a coupé tout contact.

Le *chum* de ma mère a été gentil pendant un an et ensuite il me battait. Une fois avec de vrais coups de poings et ensuite c'était surtout du dénigrement. Il me dénigrait, il me disait : « T'es un trou de cul! » Harcèlement par-dessus harcèlement, ça me faisait peur d'être avec lui. Je ne veux plus faire de coups.

Il va m'arriver quelque chose avec quelqu'un et j'ai une sainte horreur de me chicaner, c'est pourquoi je tourne autour du pot. Je fais ça pour minimiser les impacts de ce que je pourrais dire. Mon denturologiste me niaise et je vois ça comme une montagne ou parfois je vois ça petit, petit, un ou l'autre. Je tourne autour d'un point en expliquant les détails et après je me dis : « J'aurais dû dire ça! »

Ma vie va toujours en descendant, comme en pente vers le bas. Cependant, j'ai un suivi avec mon infirmière et la médication m'a empêché de mal virer.

Ma blonde travaille chez Walmart et moi, je ne travaille pas, c'est pourquoi nous n'avons pas un gros revenu.

J.D.

Dis-toi d'abord qui tu veux être, puis fais en conséquence ce que tu dois faire.

Epictète, philosophe grec

Quarante ans, bipolaire. Mère de quatre enfants.

Au début de ma maladie j'avais vingt-huit ans et je demeurais à la campagne. J'ai confié ma fille de quatre ans à ma meilleure amie. Son *chum* a abusé d'elle. C'est à partir de ce moment que je suis tombée malade. Moi-même, j'ai été abusée étant enfant par mon oncle et ma mère ne m'a pas crue. Elle disait que je voulais attirer l'attention ou que j'étais jalouse. J'ai sombré dans l'oubli.

Mon médicament c'est l'*Épival* pour stabiliser ma bipolarité. Dans les débuts de ma maladie, j'ai pris de l'*Effexor*, du *Prozac* et des somnifères puis de l'*Ativan*.

J'ai deux frères et une sœur et mes parents sont décédés. Ce fut un vrai désarroi, j'étais désemparée. J'ai eu des bons parents. Maintenant je compense, je veux faire la paix avec mon passé.

J'ai fait une rechute mentale de mon passé, je vis de l'angoisse parce que dans l'environnement où je vis, c'est malsain. Je demeure dans un 3 ½ mais je veux aller dans une famille d'accueil. Je veux être bien dans mon appartement, présentement mes voisins sont toxicomanes. C'est terne… le monde dans le même bloc se drogue et se pique. On ne peut dormir à cause du bruit et de l'environnement, ce n'est pas possible.

Ma maladie a débuté par de l'angoisse, des crises de panique et de l'agoraphobie. J'ai voulu mourir mais je me suis accrochée à mes enfants. Une première tentative de suicide en 1998 et ensuite en 2000. La corde au cou mais je ne l'ai pas fait. Je ne consomme pas de drogue, ni de boisson. Si je commençais ça, je tournerais complètement folle et je me défoncerais.

Donc je suis allée voir un psychiatre qui m'a suivie pendant dix ans. Et il me disait : « On va te remettre d'aplomb. » Aussi j'ai fréquenté une travailleuse sociale. Je viens de sortir de l'hôpital – en psychiatrie – depuis deux jours. J'avais besoin d'être en sécurité, je voulais mourir.

Mes enfants et le bonheur s'expliquent bien par des sorties au Parc Aiguebelle, au cirque, au refuge Pageau, à la maison Dumulon, à la plage, à Cristal Beach. Se promener en voiture et faire des pique-niques, aller manger au MacDonald, au Tim Horton et au Kentucky. J'ai de bons souvenirs dans notre maison à la campagne.

Ma maladie est due aussi à une perte d'emploi et de ne pas avoir eu assez de sous pour faire rénover la maison; elle s'est donc détériorée. Quand je me suis séparée de mon *chum*, M. Pinard (directeur du RAIDDAT à ce moment-là) m'a aidée, nous avons parlé, et ça fait déjà dix ans.

J'avais onze ans quand mes idées suicidaires ont commencé et que j'ai fait des tentatives de suicide. Je ne cherche pas la pitié, on fait bien d'en parler. Ma mère était violente, elle buvait et elle me battait souvent. Mon père disait : « Faut que tu comprennes que ta mère est malade! » J'en voulais beaucoup à la société et la parenté était silencieuse et je pensais qu'à cette époque c'était normal. En fait, pour l'époque, on aurait pu croire que les choses étaient ainsi. On me disait : « Ça marchait de même! » Toute jeune, je suis allée voir la directrice pour lui dire que je pensais que ma mère ne m'aimait pas. Aujourd'hui il y a des soins mais dans mon temps non.

Une chance que j'avais mon père mais j'ai été élevée à coups, à claques et au bâton. Un jour je me suis réveillée car j'étais sur le point de frapper ma fille. Elle regardait la lune et je me suis dis : « Je ne suis pas pour la frapper, elle regarde la lune. » C'était comme un réflexe étant donné que moi-même j'avais été frappée, j'ai comme levé la main mais je me suis dit ouvertement : « Je ne vais pas reproduire ce que j'ai vécu sur mes enfants. » En terminant, on me disait : « Les abus sexuels, tu les as imaginés et tout ça c'est pas vrai. »

M.F.

Le bonheur, c'est d'être fidèle aux aspirations de son âme. C'est d'être assez brave et assez fier pour écouter les voix qui montent de l'âme et obéir à la plus belle.

Réjean Ducharme, extrait de *Le nez qui voque*

*A*vec « elle », la vie était plus belle. J'avais quinze ans.

C'était ma première blonde : je me sentais flotter, je voyais la beauté de la relation et le paradis autour de moi.

Je voulais qu'elle m'accepte tel que j'étais. Quinze jours avant mon anniversaire, ce fut la rupture. Mon univers s'est effondré. Ma peine d'amour a duré un an et demie.

Je ne voulais pas l'oublier et je consommais.

À dix-huit ans, j'ai plongé dans un état de psychose. Je me cherchais, je voulais fuir la réalité, j'étais découragé. Je me souviens d'être allé sur le pouce jusqu'à Val-d'Or. Je ne me sentais pas bien et j'ai demandé à la police de m'amener à l'hôpital mais ils m'ont ramené à Rouyn-Noranda. En 2005, j'ai rencontré un psychiatre qui m'a diagnostiqué maniaco-dépressif. C'est génétique, il y en a beaucoup dans ma famille.

J'ai été en psychose de 2005 à 2008.

Avec la drogue, j'ai gelé mes émotions, incapable de les contrôler, ni de les vivre convenablement. J'ai perdu la maîtrise de ma vie en me laissant tomber dans la consommation. J'étais sur le party, je dormais moins. Et je vivais du rejet. Je n'avais aucun état de conscience quand je consommais. J'ai pris de l'*Extasy* et un ami m'a dit que je déparlais parce que j'étais stone. J'étais fier d'être drogué, je m'en vantais : « Faire ce que t'aime c'est une liberté. » Comment peux-tu dire ce que t'aimes quand t'es gelé tout le temps ?

Penser à moi voulait dire consommer, toutes les raisons sont bonnes pour fumer un joint. Pour en mourir j'ai plongé dans les ténèbres. Sous l'effet du pot, je ne voulais plus rien. Il a fallu que je touche le fond pour commencer une nouvelle vie.

J'ai dit à un ami que je voulais mourir et il m'a dit : « Va en psychiatrie à l'interne. » J'ai été interné dans le dessein d'arrêter la consommation des drogues et de l'alcool.

Mon père est maniaco-dépressif, c'est un homme droit, froid et sérieux, même s'il aime rire de temps en temps. Mon enfance a été stimulante, parce qu'il m'encourageait à l'école. Dans mon éducation, lorsque j'étais enfant, il me fallait déjà paraître comme un homme.

Peut-être y a-t-il un lien mais l'image d'un bon gars est importante pour moi. Qu'on me considère comme un individu. Ce que j'aime c'est la musique, le sport et l'écriture. J'aime la variété, un petit peu de tout : je veux me cultiver. J'ai fait une psychose en 2005 mais si ce n'était pas arrivé, ça ne m'aurait pas permis de vivre certaines choses.

Maintenant, je suis en recherche de moi-même. J'ai appris à m'exprimer, et faire le bien est quelque chose d'important pour moi.

Maintenant nous allons parler de mon rétablissement. J'ai vu une psychoéducatrice qui m'a bien aidé.

J'ai décidé d'arrêter de consommer drogue et alcool : c'est la forme maintenant. Cela fait cinq ans que je suis sobre de drogue et deux ans d'alcool. J'ai fait du meeting en 2006 quand j'ai commencé à me rétablir. Enfin, j'ai trouvé un travail de jour (le travail de nuit ne me convenait pas), et j'ai commencé à prendre soin de moi : une hygiène de vie. Le plus bénéfique c'est que j'ai cessé de fumer la cigarette et je fais du sport.

Je crois à un esprit sain dans un corps sain. J'ai donné une conférence à la maison des jeunes. J'ai dit qu'en arrêtant de consommer, on est bien au naturel! J'ai trouvé une nouvelle forme de foi. Ça ne coûte rien pour s'amuser. J'aime jouer au basket-ball pour me tenir en forme et me changer les idées.

Quand on consomme, on ne voit pas qu'on est en train de se détruire graduellement. On se croit indestructible tout en voyant devant soi comme un mur, un obstacle insurmontable. Les trips sont de pire en pire et l'on détruit les autres autour de soi.

Je me suis arrêté à l'hôpital, et j'ai été chercher mon abstinence. J'ai voulu débarrasser ma tête du « chimique » – comme une tôle rouillée sous la pluie. J'ai voulu refaire ma pensée, vivre une thérapie, une journée à la fois. Ma personne a besoin de protection et je ne peux pas la laisser se détruire. J'ai retrouvé la raison et c'est nécessaire de la retrouver sinon ça ne sert à rien de se rétablir. Ça prend de l'aide pour faire un cheminement. L'affirmation de soi c'est important et vis-à-vis les jeunes c'est de l'espoir. Je travaille sur l'anxiété pour mon mieux-être et ma fierté. De l'entraide m'apporte du bonheur et j'ai de la gratitude quand je rencontre des obstacles. Des secrets, il n'y en a pas, c'est juste des efforts et une journée à la fois. Mon temps d'abstinence n'est pas important, c'est la foi en la sobriété qui compte par-dessus tout. J'ai compris que je n'aurais jamais de fun à consommer modérément.

Il faut apprendre à vivre sans consommer. Merci.

STÉPHANE

Je suis en recherche de moi-même. J'ai appris à m'exprimer, et faire le bien est important pour moi.

STÉPHANE

J'ai eu une bonne formation académique. Ce qui m'a permis de travailler six ans en comptabilité dans un bureau de notaires.

Je suis du genre perfectionniste. J'arrivais au travail, au moins quinze minutes avant le début de mes quarts de travail. Je travaillais au moins une heure et demie de plus par jour. Ça fait beaucoup d'heures de plus par semaine. On me donnait des congés, j'ai déjà eu trois semaines de congé parce que je donnais un bon rendement.

Mais c'était une tâche difficile et j'en prenais trop sur mes épaules. Je besognais avec des personnes au caractère brusque et avec des situations de crises. J'étais bien appréciée de mes clients et de mes collaborateurs : j'ai reçu beaucoup de compliments et je me sentais très valorisée.

La directrice générale a eu un cancer du sein et c'est moi qui ai eu les responsabilités importantes. L'adjointe était aux études donc j'ai travaillé dans ses documents comptables. J'avais une expérience de plusieurs années en comptabilité. J'étais un pivot dans l'entreprise, on avait confiance dans mon jugement. Je voyais des problèmes et je trouvais toujours des solutions. Toutes mes expériences me servaient, de mémoire je ne me rappelle pas d'avoir perdu un client. Je connaissais le profil des clients et des intervenants et je pouvais ressentir la tension et la peur dans la voix des clients.

Avec mon cours en éducation spécialisée et mon cours sur la petite enfance pas terminé, à l'Université, j'avais un bon bagage.

J'ai deux enfants et un ex-mari bipolaire qui a vécu une phase dépressive et moi aussi. Mon mari est sous médication et il a un suivi avec un psychiatre. Lors du divorce en 2004, on a eu un accord pour qu'il vive une vie agréable. Je ne l'ai pas laissé dans la misère et la pauvreté.

Il est colocataire avec moi mais il a été hospitalisé au 6ᵉ étage – en psychiatrie interne à Rouyn – pendant plusieurs mois. Ç'a été dur d'accepter sa maladie et il a eu un cancer de la prostate. Je l'ai accueilli dans ma maison et je lui ai donné le support dont il avait besoin. Nous sommes séparés, mais nous avons nos amis et notre vie est divisée comme dans un téléroman. On vit comme ça vient et la destinée décide pour nous.

J'ai eu trop de responsabilités, avec mon copain malade, et les enfants, j'ai fait une dépression majeure. J'ai passé près de la mort à cause de l'épuisement au niveau du travail et d'une hospitalisation pour une opération importante. Tous les champs de ma vie étaient affectés. En février 2000, j'ai perdu mon travail.

Je n'ai pas de maladie mentale, mais j'ai souffert d'épuisement et j'ai une médication pour dépression majeure depuis 2005. J'ai peut-être, aussi, souffert du rejet ou de l'abandon durant l'enfance. J'ai été à l'orphelinat, avec mes deux frères. Mon père n'était pas assez responsable pour s'occuper de nous.

J'ai toujours un suivi avec un psychologue au privé. Avec lui, il me reste un bon bout de chemin. Je veux aller trop vite.

Je désirais intensément que mes enfants aient la vie belle et qu'ils ne vivent pas de coups durs.

Je me demandais si j'avais été une bonne mère et mes enfants m'ont dit un jour que j'étais la meilleure maman du monde et qu'ils ne me remplaceraient par aucune autre.

J'ai un fils de trente ans et une fille de vingt-cinq ans. Les enfants ont toujours été pour moi une joie et un réconfort. J'aimerais être à l'écoute des petits mots de mes enfants. Ma fille m'a dit que les vaches dansaient parce qu'elles bougeaient la queue dans la campagne de sa jeunesse. J'étais l'image d'une maman pas menaçante et généreuse. Mon fils a fumé la cigarette et il s'est confié à moi puis il a arrêté de fumer parce que ça coûtait trop cher. Mon fils a pris conscience qu'il voulait lui aussi vivre beaucoup d'émotions.

Dans le temps, les gens discutaient et avaient du plaisir à échanger. Nous partagions des repas et c'était pour moi des moments de douceur.

J'ai des amis au Québec d'une autre nationalité, ils m'appellent leur maman québécoise. Je fais de la couture. J'ai des projets avec l'enfant d'une de mes amies d'un pays étranger, ça m'occupe bien.

J'essaie de faire des choses manuelles autres, sans fatiguer mon intellect.

Finalement mes médicaments sont difficiles à prendre parce que je suis réfractaire. C'est-à-dire que mon système rejette certains médicaments et j'ai eu beaucoup de difficultés avec ça.

Ce que je peux dire sur moi ? Je dirais que dès qu'il se présente une difficulté, je l'oriente vers une solution.

PERCEFALE

J'ai fait de plus loin que moi un voyage abracadabrant
il y a longtemps que je ne m'étais pas revu
me voici en moi comme un homme dans une maison
qui s'est faite en son absence
je te salue, silence

je ne suis pas revenu pour revenir
je suis arrivé à ce qui commence

Gaston Miron, *L'homme rapaillé*

*J*e suis venue au monde à l'hôpital psychiatrique où ma mère était internée. Étant trop malade pour s'occuper de moi et de ma sœur, c'est ma grand-mère qui a pris soin de nous. Le 15 juillet 2003, ma mère est décédée d'un ACV; douze ans après sa sortie de l'hôpital.

J'ai quarante-et-un ans, je prends des médicaments et mon état est stable depuis deux ans. J'ai déjà fait une mauvaise réaction aux médicaments : j'avais l'air d'une morte, et j'ai dû faire de la physio pour réapprendre à marcher.

Au début, je souffrais d'anxiété sévère, trouble de comportement : par exemple, la hantise de passer au feu, je surveillais quatre fois mes ronds de poêle et les cendriers. Il fallait que je retourne chez moi pour vérifier si ma porte était bien fermée à clé. Je prenais du *Prozac.* Aujourd'hui, je suis diagnostiquée bipolaire et maintenant je prends une pilule rose, du *Risperdal (Rispéridone-antipsychotique)* par injection, un antidépresseur, et du *Rivotril-Clonazépam*, pour m'aider à dormir.

À vingt-deux et vingt-trois ans, je prenais du *Seroquel* (traitement des désordres et symptômes psychotiques : hallucinations, etc.). Les médicaments m'empêchaient d'uriner. À l'hôpital, ils ont dû recourir à une sonde pour me faire uriner. C'est probablement à cause des médicaments pour maigrir.

J'ai cru que l'infirmière parlait dans mon dos, ça m'a choquée et je me suis sauvée de l'hôpital en jaquette et pieds nus. Les policiers sont venus me chercher et j'ai passé la nuit dans la salle d'isolement. J'étais anorexique. Je ne m'aimais pas, je n'étais jamais assez maigre et j'aurais fait n'importe quoi pour maigrir. J'ai consommé des pilules de toutes sortes, des produits naturels, des tisanes et des ampoules amaigrissantes. Un jour, il n'y a pas si longtemps, j'ai tout jeté et... j'ai pris du poids.

Le père de mon enfant disait qu'il me trouvait trop grosse, il ne m'a pas aidée pour ça. Depuis un an, il est plus près de moi, de nous : il s'est rapproché.

Il a levé la main sur moi. Il avait des problèmes de drogue, il volait de la bière dans les dépanneurs. Il a commencé à prendre de l'*Effexor* (antidépresseur). Il a dû suivre trois thérapies. Ça fait un mois qu'il n'a pas bu et touché à la drogue. Ça fait deux ans qu'il ne m'a pas touchée ou prise à la gorge.

Ça fait deux ans que je vais bien. Aujourd'hui j'ai appris à m'aimer.

À tous les mois, j'ai un suivi avec mon psychiatre pour qu'il prouve que je suis apte à garder mon enfant qui est présentement en famille d'accueil.

Je vois mon fils de six ans le samedi, une fois par semaine. Quand mon *chum* voulait me battre, je me défendais; il consommait et j'étais malade aussi. C'est une des raisons pourquoi mon fils est en famille d'accueil. Le juge a dit : « Si tu veux avoir de nouveau ton enfant, il faut que tu fasses des efforts et que tu suives une thérapie pour ton problème de drogue et de boisson. » C'étaient les propos de la DPJ.

Je dois retourner en cour si je veux récupérer mon enfant, au moins petit à petit. France du RAIDDAT m'a accompagnée en cour, elle m'a beaucoup aidée. C'est pourquoi je peux le voir une fois par semaine à la suite de la décision du juge. Et il faut que je paie pour la garde de mon fils 151,23 $ par mois. Je reçois un chèque d'allocation aux trois mois.

J'ai commencé à travailler, je suis des cours d'informatique, de français pour prouver au juge que je vais bien. Un jour, je veux décrocher du BS pour travailler à temps plein. Ça fait une semaine que j'ai arrêté la cigarette.

C.V.

Une nuit dans la salle d'isolement. Anorexique, j'ai consommé des pilules de toutes sortes… Un jour, j'ai tout jeté…

C.V.

Pour apporter la réalisation des actions, il faut bouger et faire en sorte de faire évoluer les choses, c'est la seule solution!!! L'action!

Fernand Dumont, penseur et écrivain québécois

*J*e suis native de Rouyn. J'ai terminé une technique en travail social et je suis présentement en recherche d'emploi.

Je souffre d'un trouble de l'humeur chronique ou dysthymie depuis quinze ans. Je prends des antidépresseurs, de l'*Effexor*, et je n'ai jamais eu d'effets secondaires. Mon médecin m'a dit que c'était possible que mon corps réagisse bien. Si je vais bien, je diminue ma dose de médicament et je vois mon médecin au besoin. Je suis vulnérable au stress et à l'anxiété.

Je suis célibataire et mère de deux enfants : deux filles dont l'une a trente-et-un ans et l'autre vingt-neuf ans. J'ai fait un voyage en Floride et je suis allée en Alberta pour visiter l'aînée devenue nouvelle maman. J'ai le grand bonheur aujourd'hui d'être la grand-maman de deux enfants de six et trois ans. J'ai reçu beaucoup de soutien d'une infirmière en psychiatrie et d'un intervenant de l'organisme le Pont de Rouyn-Noranda. J'ai eu recours à une psychothérapie. Je n'ai jamais été hospitalisée en psychiatrie.

Pour l'instant, j'habite chez ma fille en attendant de prendre un appartement pour le 1er décembre 2010.

J'ai reçu une bourse au Cégep en mérite scolaire dans ma 1ère année en technique de travail social. J'ai concentré toutes mes énergies dans mes études. J'ai été valorisée par mes études et cela m'a permis de me trouver une nouvelle raison de vivre. J'étais très fatiguée après mes études et ma fille m'a donné du fil à retordre. Je l'avais avertie que j'étais fatiguée mais elle était très exigeante envers moi pour que je l'aide à la maison. Elle a finalement compris que son attitude n'était pas la bonne. La relation s'est beaucoup améliorée, surtout parce que je me suis affirmée. Ma difficulté c'est la peur de m'affirmer, je laisse souvent les autres abuser de moi. Je veux être aimée, et je ne me fais pas respecter.

J'ai été agressée sexuellement par certains membres de ma famille étant enfant, et ma famille ne me croit pas, alors pour me protéger de leur violence, j'ai coupé le peu de contacts qui restaient avec ma famille d'origine. Je proviens de familles dysfonctionnelles depuis je ne sais combien de générations. Il y a beaucoup de maladies mentales du côté maternel et paternel, dont un frère qui est schizophrène depuis l'âge de vingt ans, et qui va beaucoup mieux aujourd'hui grâce à la médication et au calme. J'ai une grand-mère qui était psychotique et qui essayait de tuer son mari par le feu, qui a tué deux de ses enfants par le feu, et qui s'est suicidée par le feu. C'est traumatisant de découvrir ces faits, mais c'est nécessaire pour comprendre toute la dynamique familiale.

Il y a aussi beaucoup de violence, de haine, de vengeance, de jalousie maladive, et de manipulations qui se transmettent d'une génération à l'autre. Je veux briser ces chaînes de violence en étant vigilante aux comportements de mes enfants et de ce qu'ils transmettent à leurs enfants. Ayant été moi-même victime d'agressions physiques et psychologiques d'une mère psychopathe, et témoin de ces mêmes violences vécues par ma sœur et mes frères, je n'ai jamais transmis ces formes de violence à mes enfants. Donc, c'est possible de ne pas répéter ce qu'on a vécu.

La médication m'a beaucoup aidée, j'ai également fait de gros efforts pour me prendre en main. J'ai lu beaucoup de littérature sur ma maladie, je suis allée au Point d'appui pour les femmes qui ont vécu des agressions sexuelles. J'ai fait une psychothérapie qui m'a bien aidée. J'ai participé à une pièce de théâtre. Dans tout ça, j'ai gagné de l'assurance, de la confiance et l'estime de moi.

Je crois que le problème en santé mentale n'est pas évident puisqu'il n'est pas apparent. La dépression n'est pas comme un problème physique. Ce n'est pas facile pour les membres de l'entourage de comprendre, donc on n'a pas toujours leur soutien et leur compassion. Je vis donc des choses dans une grande solitude, car mes proches ne comprennent pas ce que je vis.

Je suis divorcée depuis seize ans. Parmi mes occupations, j'ai démarré une garderie, j'ai suivi des ateliers au Pont. J'ai adopté la médecine douce. À présent, je cherche un emploi en travail social. Je suis prestataire de l'aide sociale depuis longtemps, mais je veux me sortir de la pauvreté si éprouvante.

Je dois dire que la spiritualité m'a sauvée et m'a aidée dans la vie pour surmonter des obstacles nombreux comme les conflits avec ma famille. J'ai développé une grande foi. Mes problèmes ont commencé lorsque j'ai parlé des agressions sexuelles vécues dans mon enfance. Ensuite, je me suis retrouvée seule, ma famille a pris une distance et mes enfants aussi.

Finalement, il faut que je fasse attention à ce qui peut me détruire et particulièrement dans mes relations amoureuses. Je dois toujours veiller à surveiller mes limites et à maintenir l'équilibre dans tous les aspects de ma vie. J'ai l'espoir d'être enfin heureuse dans un avenir rapproché. J'y travaille fort. Je vais de plus en plus vers ce qui me fait du bien et m'apporte de la joie. Un jour à la fois.

FLEUR

*M*a maladie a commencé à dix-sept ans; j'ai cinquante-six ans. Ça fait donc trente-neuf ans que je suis malade. Je suis atteint d'épilepsie et je suis un traumatisé crânien. J'ai eu une tumeur au cerveau. Je suis passé à travers 3 opérations, 2 AVC. J'ai vécu comme patient dans 3 ou 4 hôpitaux, à Montréal. À l'hôpital psychiatrique, je suis demeuré six mois et j'ai eu droit à la camisole de force. Je ne le souhaite à personne.

Les gens pensent que je suis détraqué, je trouve ça injuste, ça me fait pleurer. Je suis handicapé intellectuel léger, et, en fait, je fais face à des problèmes psychologiques. Quand je ne vais pas bien, je me fâche et je perds la boule. Dans mon anxiété, j'ai peur de tout, je perds la tête et je dis des choses insensées. À Montréal, je perdais mon porte-monnaie et l'argent qu'il y avait dedans.

J'ai fait des études à l'UQAM et à l'UDM. J'ai fait des voyages en Gaspésie et à Toronto. La musique m'a sauvé, le piano et le théâtre aussi.

J'écris des rimes. Chez nous, l'ordinateur est foutu. Je demeure dans ma famille d'accueil depuis 1982. Quelquefois ma parenté me rend visite. Ma mère vit à Mont-Joli et ma sœur à Montréal.

On me dit que je suis un bon gars mais qu'il faut me surveiller. Je prends des pilules cinq à six fois par jour; je trouve ça trop, ce pourrait être deux fois par jour ou même le soir au coucher. Personne n'a vraiment abusé de moi avec les médicaments mais en rapport avec mon caractère, oui. Travailler c'est l'habitude de faire des choses. Je pourrais faire des hamburgers. Je crois que les gens n'ont pas confiance en moi. Une fois, j'ai fait toute la vaisselle, c'était une grosse « job ».

Maintenant je vais plus loin dans mes efforts pour guérir. Mon langage est limité et j'ai de la difficulté à me faire confiance. La santé mentale c'est comme une psychologie, à mon avis. Psychologue, poète ou chanteur, chacun possède une santé mentale selon son caractère. J'écris, je regarde la télévision, j'écoute la radio et je vais aux quilles Méga. La terre tourne, au bout de vingt-quatre heures, c'est un jour, et trois cent soixante-cinq jours c'est une année. Je compense quand je parle de mes problèmes à quelqu'un mais, à tout le monde, c'est peut-être pas bon?

D.L.

La terre tourne, au bout de 24 heures, c'est un jour, et 365 jours c'est une année.

D.L.

Qu'est-ce que cela veut dire réussir? N'est-ce pas faire ce que l'on aime avec le plus d'élan possible?

Anne Hébert, *Le temps sauvage*

À six ans, j'ai eu une opération au cœur. J'avais un problème de valve, mon cœur semblait s'arrêter, et à l'école je courais après mon souffle toute la journée.

Samedi prochain, j'aurai quarante-quatre ans. Je prends des médicaments depuis 1993. Je suis maniaco-dépressif. Sous *Rivotril* et l'*Haldol* au besoin, depuis cinq ans. Déjà hospitalisé, à intervalles de six mois, cinq ans en ligne, en psychiatrie, à Rouyn-Noranda. Je consommais beaucoup d'alcool et de drogue : j'entrais en psychose et je me faisais hospitaliser.

Mon premier burnout (surmenage) relève de l'époque où je travaillais cent quarante heures par semaine. Le cadran sonne, tu n'as que deux heures de sommeil, et tu es encore épuisé. À ce moment-là, à l'hôpital, les docteurs m'ont bourré d'*Ativan* et d'*Haldol*. Je voyais des trous dans mes mains comme Jésus-Christ. Dans la rue, les gens me fuyaient quand ils me voyaient. Mon docteur de famille, la seule ressource qui me reste, est un méchant capoté.

Je n'ai pas de casier judiciaire. J'ai un permis d'usage d'explosifs (dynamiteur) pour travailler dans les mines. À la Dry (séchoir) de la mine Doyon, il faisait cinquante degrés Celsius pour faire sécher le linge des mineurs. Quand ils sortaient de la douche, ils étaient frileux, il leur fallait de la chaleur. Je prenais du *Lithium*, j'avais des effets secondaires indésirables comme une absence de sentiments, et j'hallucinais à cause de la chaleur, je voyais des morts et des têtes de morts.

À vingt ans, avec mon secondaire 5, j'ai eu plein d'emplois comme DJ, location de télévision pour les chambres des patients de l'hôpital pendant neuf ans, au super Marché Roy de 1989 à 2000, trois ans aux Quilles Méga. À vingt-six ans, ça commence, un an plus tard, on me donne du *Lithium*. Une prise de sang et je dois prendre du *Lithium* alors que je n'avais jamais eu besoin de ça. Je me sentais gelé là-dessus comme un vrai robot. Par contre, je consommais de la boisson, ce qui élimine le *Lithium* dans le sang.

J'ai tassé un intervenant parce qu'il me calait tout le temps. Maintenant, j'ai une intervenante qui fait mon affaire. J'étais carrément isolé et un travailleur de rue m'a permis de voyager à Montréal, Québec et à Joliette (pour voir mon copain d'enfance). C'est grâce au Pont.

J'ai un gros problème de boisson et de drogue aussi. J'arrivais à moitié paqueté à l'ouvrage. Je sentais l'alcool à plein nez. Mon employeur a été plus que tolérant. J'ai arrêté cinq mois l'année passée, mais un *chum* m'a dit : « Viens donc prendre une bière, un petit joint juste pour une fois. » Et j'ai redécollé d'aplomb avec tout ça et des *shooters* en plus. Aujourd'hui, ça fait deux semaines que je prends plus rien, j'avais envie de me suicider, alors ce que je fais c'est que je prends de la bière « point 5 » pour me calmer; il en faut dix pour faire une bière! Je ne vous conte pas de *bullshit*. Le *pot* me faisait faire des crises de cœur. C'était tout comme si.

Depuis cinq ans, l'humeur est stable et j'ai un emploi que j'adore, à l'entretien ménager. Quand je fais de l'anxiété avant de travailler, j'ai mon médicament au besoin, 2mg d'*Haldol*. J'ai une intervenante au Pont qui vient me voir aux deux semaines.

Ce que je ne peux pas dire à mes amis, c'est elle qui s'en charge. J'habite à Rouyn depuis toujours, dans un 4 ½ depuis vingt-cinq ans. Pas de copine, c'était l'enfer avec celle que j'avais, la pire relation au monde qui m'a marqué : tentative de suicide à répétition. À la fin, je ne l'accompagnais plus à l'urgence. Je lui disais : « T'es capable d'y aller toi-même, moi je ne veux plus rien savoir ! » Un mois après, c'est la rupture et je ne veux même plus avoir de blonde. Enfin, toutes les blondes que j'ai eues sont diagnostiquées.

Je me suis inscrit au Pont et ça me sauve la vie : je ne suis plus jamais seul. J'y vais de 10 h 30 à 13 h chaque jour. L'autre jour, j'ai mangé du macaroni pizza. J'ai décidé par moi-même d'aller au Pont, c'est bon pour moi. Le samedi, j'écoute un poste de radio de Montréal avec le décodeur *fleximo*. Je bois mon *six pack* de « point 5 », un par jour, seulement les fins de semaine. Payer la traite à un et à l'autre, c'est fini. Je dépensais beaucoup en consommation. J'ai le projet d'accumuler de l'argent pour aller voir ma famille à Québec; le *cash* commence à rentrer.

MICHEL

L'art de peindre n'est que l'art d'exprimer l'invisible par le visible.

Fromentin, *Eugène*

Avant je ne connaissais pas la maladie mentale ou la santé mentale.

En 1992, j'ai eu un accident de travail et j'ai été mise à la porte. J'ai commencé à prendre des médicaments.

On se disait, silencieusement : « Est dépressive ! » Jamais on me disait : « On te comprend » mais plutôt : « C'est une tête folle ! »

La perte de mon emploi m'a donné beaucoup de tristesse. Je ne vivais plus, toujours l'emprise de mes parents qui prenaient soin de ma petite. Ma fille c'est une priorité, elle est handicapée, sa maison c'est l'hôpital.

Ces années-là, j'ai fait deux tentatives de suicide : j'ai avalé tous mes médicaments. Dans ma famille, je me sentais différente des autres, je recevais la critique. En 1995, j'ai changé d'amoureux et j'ai quitté mon village pour m'établir à Granada. Je suis devenue enceinte à trente-huit ans. Quand j'ai su que j'étais enceinte, ça m'a enlevé ma dépression. Surprenant, j'étais enceinte et tout le monde était d'accord ! J'étais dans un monde de confiance.

De 1995 à 2006, mon chum est sous médication et il a des gestes agressifs. Il oublie qu'on existe et il ne prend pas ses responsabilités de père de famille. Et moi, je veux être la meilleure femme qui décide par elle-même mais qui ne parle pas.

Je me suis coupé le poignet, 3e tentative de suicide. C'était moi la coupable, comme le viol que j'ai subi à dix-neuf ans. Je devais porter le fardeau de l'agression et celui de ma tentative de m'enlever la vie. La travailleuse sociale du CLSC m'a dit : « Tu vas ajouter l'élément que, la prochaine fois, tu ne te manqueras pas ! »

Je suis partie avec les enfants pendant six mois. J'ai perdu ma voiture. Mon chum a acheté deux immeubles. Sa femme est dépressive et folle; pour lui, nous sommes des putes. Je me suis donnée dans le travail.

En 2004, gros choc émotif – Résidence St Pierre – entretien ménager, c'est toute ma vie. Ensuite accident de travail, « madame est en dépression » disait-on dans ma famille. En 1998, j'ai arrêté de marcher, je prenais de la morphine. J'en ai contre la méchanceté.

J'ai été chez Alternative pour Elles (centre pour femmes victimes de violence conjugale). Aujourd'hui, j'ai accepté ma vie et j'ai espoir. Je veux ravoir mon bébé.

M.P.

*L*e bon Dieu a tout mis sur la terre, il s'agit de se servir comme sur un plateau d'argent. J'ai eu des dons et maintenant c'est ma plus grande richesse.

Je ne savais pas où j'allais dans la vie, maintenant je sais où je m'en vais depuis mon rétablissement.

Ça fait quatre jours que je n'ai pas fumé la cigarette, j'avais des maux de tête. Fumer me prenait toute mon énergie.

Il y a vingt ans, j'ai eu un faux diagnostic concernant ma glande thyroïde. Je faisais *des up and down* comme un maniaco-dépressif mais ce n'était pas mon cas. J'ai finalement arrêté le *Lithium* et l'*Haldol* à cause des mauvais effets sur ma glande thyroïde.

Mon vrai diagnostic schizo-affectif, à tendance bipolaire et anxiété chronique. Je fais des *up* plus que des *down*. Mon docteur a réduit mes médicaments : il m'a enlevé le *Clozaril*, le *Séroquel* et l'*Effexor*. Je ne prends que du *Zyprexa*.

Quand je ne suis pas angoissé tout va bien. J'ai besoin de la routine. Je ne suis plus capable de supporter le stress du travail.

J'ai beaucoup à travailler sur mon caractère car j'ai mauvais caractère. On dit de moi que j'ai un caractère de chien pour ne pas dire de cochon.

Le plus long que j'ai fait à l'interne de la psychiatrie c'est quatre mois. Côté spirituel, j'ai retrouvé ma puissance supérieure. Grâce à elle, j'ai retrouvé mon enfant intérieur et ma santé. Si je n'avais pas ça en dedans de moi, je ne serais pas fort. Mon pouvoir est en moi. Avec Dieu et Jésus.

J'ai fait des psychoses à cause du stress face aux autres et aux événements. Comme solution, j'allais à l'hôpital en psychiatrie.

Aujourd'hui, je mène une vie contrôlée et satisfaisante.

Les difficultés, le passage cahoteux m'ont permis de me comprendre et de savoir qui je suis. Quand je travaillais, je faisais de l'argent et j'étais méchant. Quand je fumais je détruisais mon corps. Mon père est mort de la Silicose. Il fumait beaucoup, je ne veux pas vivre ça. Ma puissance supérieure m'a rendu heureux. J'ai retrouvé ce que j'avais perdu ! Je ne fais pas beaucoup de *meeting*. Celui qui a le plus de problèmes, c'est le meilleur.

Quelqu'un m'a dit, finalement : « Accroche-toi pas au monde mais au mode de vie spirituelle. »

NORMAND

*V*oici le parcours de ma vie.

Ma sœur est décédée alors que j'avais sept ans me laissant l'unique enfant de la famille. Mon père travaillait, ma mère était seule à la maison. À l'âge de dix ans, ma vie a commencé en famille d'accueil. À douze ans, ce fut la Maison Rouyn-Noranda puis l'Étape de Val d'Or.

Il m'a fallu sortir des institutions. J'ai travaillé à la mine Noranda et je me suis retrouvé dans la rue à Montréal. J'ai vécu cinq ans à Montréal, dans la rue, dans la drogue, nichant dans les maisons désaffectées. Voler les lunchs dans une école et autres vols mineurs m'ont valu quarante-cinq semaines à la prison de Bordeaux.

J'ai quarante ans. J'ai toujours cru que je ne dépasserais pas trente-cinq ans. Je suis de Preissac. À la suite d'un accident d'automobile en 2006 – nous étions cinq dans la voiture dont ma petite fille qui a subi des blessures au cou – j'ai eu des lésions aux poignets, au dos et au cou. Je devais prendre de la morphine, je suis devenu accroc, ce qui a complètement changé mon comportement envers mes proches; je suis devenu violent. Je suis devenu un autre. J'étais un homme fort – je pouvais soulever et déménager une laveuse à moi tout seul – j'ai perdu ma force physique. J'étais une force humaine : gérant de ma propre compagnie, je venais de m'acheter un immeuble. Avant mon accident, je réussissais dans tous les domaines de ma vie.

Quelque chose en moi s'est brisé. Je n'avais plus aucune confiance. J'avais peur sur la route. J'ai connu des pertes énormes. La perte d'estime de moi. La perte de ma blonde. La perte de ma vie sexuelle. La perte financière et la perte d'autonomie. Je vivais surtout de l'insécurité et de la peur. Les psychologues de la SAAQ m'ont traité comme du bétail.

J'ai passé un an à la maison à « manger » des pilules – de la *Morphine*. J'ai avalé toutes sortes de médicaments. Les médicaments me rendaient agressif. Je me demandais quand ça allait finir. J'ai refusé l'opération au dos et j'ai fait de l'ergothérapie, de la physiothérapie, de la massothérapie; j'ai eu un psychologue, un psychiatre, un orthopédiste et un neurologue chirurgien. J'ai commencé des thérapies pour m'en sortir. J'ai fait trois thérapies après mon accident.

Ce qui a rallumé la flamme, c'est une conférence qui avait lieu dans un kiosque sur le suicide des homosexuels. Le RAIDDAT était là : les assurances ne me payaient pas, j'ai refait mon dossier et j'ai réglé ce problème financier avec l'aide du RAIDDAT. Je l'ai fait aussi pour recouvrer l'estime de moi-même.

Cette fois-là, lors de cette conférence, entendre parler de santé mentale me faisait peur, je me disais ce n'est pas moi.

La naissance de mon enfant est la meilleure chose qui me soit arrivée dans ma vie. Maintenant c'est une belle petite fille de dix ans. Elle a été victime d'intolérance, d'impatience de ma part. Je ne pouvais pas lui donner tous les soins. J'ai donc un intervenant pour mon enfant. Je me vois plus utile à la société mais au fond de moi, j'ai tout le temps peur. J'ai de la difficulté à vivre une vie normale. Tout de même, je suis encore vivant.

Je comprends davantage les autres qui sont sous médication comme quelqu'un de schizophrène. Je grandis au niveau humain. On est dans une région éloignée mais la richesse, c'est les gens.

Aider mon prochain et donner au suivant, c'est ce que j'essaye de faire. Mais ce n'est pas tout le temps tangible. J'ai fait des crises à mes voisins!

Je fais du kung-fu, je suis ceinture orange et je vais avoir ma verte, ça m'a largement aidé à canaliser ma douleur. Maintenant j'utilise plusieurs méthodes sans médication. J'ai suivi une formation de pompier à Preissac qui m'a redonné le respect de moi-même. J'ai recommencé à vivre socialement; à la suite d'un accident tu deviens enfermé dans ta tête. Peur de plein de choses, peur de la réaction des proches. Aujourd'hui j'ai moins peur, mais j'ai des pertes de mémoire. Dernièrement j'ai pris des produits naturels, des produits chinois de mon maître en kung-fu, des produits que je me mets sur la peau. Les médicaments donnent plein de symptômes dérangeants.

J'écris dans le journal local, je fais des reportages. Je veux finir mon français pour obtenir mon secondaire 5. Je vais perdre mon salaire au mois de mars. Heureusement, j'ai un médecin de famille qui est pour beaucoup dans mon rétablissement. J'ai deux DEP et un CEP, et mon but est de travailler avec des gens qui ont des troubles sociaux. Je veux une maison, manger bien et je veux conserver ma tête.

Je m'épuise vite, je ne suis pas complètement rétabli. Chez moi, c'est à l'envers. J'ai vécu une longue période de fatigue.

Je fais des efforts pour être normal. Je retourne à la chasse, j'en ai maintenant la capacité physique. Mais je suis incapable de me pencher pour couper mes ongles d'orteils! Je porte toujours des sandales, même en hiver.

J'ai ma propre compagnie, je suis le meilleur vendeur de cellulaires!

S.L.

On est dans une région éloignée mais la richesse, c'est les gens.

S.L.

*D*éjà, on m'a diagnostiquée bipolaire, mais, maintenant, mon médecin dit que je suis schizophrène car j'entends des petites voix me parler, effleurer ma pensée. Une petite voix douce me parle et se mêle à ma pensée. Je l'entends dans ma tête comme un petit coup de vent. Une petite voix dans mon oreille droite me dicte tout ce que je dois faire, comme un guide. Elle me dit de me brosser les dents, de me doucher et de faire mon lit; ce n'est pas contraignant, c'est tolérable.

Mon médecin a changé de diagnostic à cause de ces voix qui m'habitent. Il m'a renseignée sur la complexité du cerveau. Avec mes médicaments, je ne fais plus de haut et de bas, c'est pourquoi je ne suis pas bipolaire. Mais je n'entends pas de voix fortes et ce n'est pas comme si quelqu'un me parlait. Avec les médicaments, ça va beaucoup mieux. Cependant les voix, c'est pire quand on est fatigué. J'ai vérifié et il paraît que c'est comme ça pour bien des gens.

Je pourrais faire des mauvais coups. À chaque fois, c'est comme un combat entre un diable qui m'invite à faire une mauvaise chose et un ange qui m'en empêche. Je pense faire des mauvais coups, mais je contrôle et je reste sage. Quand je vis des mauvaises choses avec des gens, j'essaye de les éviter. Parfois, j'ai des peurs que je contrôle du mieux que je peux puisque je prends des médicaments. Au début, je n'acceptais pas l'idée d'avoir besoin d'une médication mais aujourd'hui j'en suis consciente. Ce n'était pas facile, je suis allée aux soins intensifs, j'ai perdu connaissance, j'avais trop de médicaments.

Je suis diabétique et j'ai besoin d'une médication pour mon cœur. Et en plus, ils ont découvert un manque de sel dans mon sang.

Je prie beaucoup le bon Dieu, je l'appelle l'Éternel. Comme les Amérindiens, c'est le grand Manitou. Tout le monde a son Dieu.

Il faut vivre avec des gens sincères car ton ami peut devenir ton ennemi et vice-versa. J'ai vécu quelque chose de semblable : j'ai vécu une rupture avec une amie de longue date, elle m'a fait du mal.

Depuis le divorce, j'essaie de vivre dans le bon chemin avec l'Être Suprême. Ça va mieux en dedans. Dans le tort, il vaut mieux savoir s'excuser. Je n'endure pas les gens bavards qui disent des choses pas bien ou méchantes. Un jour tu vas rencontrer des gens bien comme toi qui deviendront des nouvelles amitiés. C'est ce que je me dis.

Je me méfie plus des femmes que des hommes parce que ma mère a été méchante avec moi. Elle est morte d'un infarctus, elle buvait et fumait beaucoup. Enfant, elle me battait, elle me tirait les cheveux et me frappait la tête sur le mur. Un jour, elle m'a dit : « Quand tu vas revenir de l'école, je vais te donner une *trempée*! » À mon retour de l'école, elle m'a avoué : « Tu l'auras pas ta *volée*, c'était juste pour te faire peur. » À l'école, je pleurais tout le temps. Ma sœur se demande comment je n'en suis pas morte, avec tout ça : ma mère, mon enfance et tout le reste. Du côté de ma mère, il y a eu des vieux vicieux qui ont abusé de moi. Mon oncle voulait me toucher, mais je suis partie. J'ai fui pour ne pas subir des agressions. Malgré cela, quand j'étais jeune, je me sentais plus en sécurité dans ma famille qu'aujourd'hui au milieu d'étrangers. C'est normal d'avoir des peurs.

J'ai souvent été internée en psychiatrie, jusqu'à une période de huit mois. Quand ma famille voulait m'amener en auto, c'était un piège pour m'amener à l'hôpital.

J'ai recouru aux services du RAIDDAT pour me sortir d'une famille d'accueil : j'étais enfermée, embarrée dans une chambre, ou enfermée dans le sous-sol avec deux personnes handicapées, pendant que la responsable de ma famille d'accueil était partie. Elle me faisait des crises. Une fois, elle m'a dit que je voulais lui voler son mari. Elle laissait exprès un 2 $ à ma vue et ensuite elle m'accusait de l'avoir volé. Ma parenté m'a amenée à l'unité psychiatrique de Rouyn-Noranda.

À dix-sept ans, j'ai quitté la maison. Il faut respecter nos parents, c'est important, mais il faut aussi s'en détacher et de nos enfants, également. J'ai deux enfants, une fille et un garçon. Je téléphone à ma fille une fois par semaine; elle m'a fait comprendre que son autonomie est essentielle. Il n'y a pas d'infirmité dans ma famille, une chance : j'en vois et ce n'est pas drôle.

J'ai eu du bonheur avec mon mari, j'étais heureuse avec lui. Il m'a donné deux beaux enfants. Il ne m'a pas battue et il n'a pas abusé de moi. Ça fait du bien de se faire dire qu'on n'est pas responsable des abus et qu'on n'a pas couru après.

J'ai fait un traumatisme dans une relation violente avec quelqu'un d'autre que mon mari. Un homme voulait que je danse nue devant tout le monde, c'est un alcoolique. J'ai sacré mon camp!

Mon but, c'est de vivre en appartement toute seule. Même en amour, je reste maintenant toute seule, c'est ma décision. Avant de me marier, j'ai vécu dans ma maison et j'ai appris à être autonome et à prendre soin de la maison toute seule. Mon *chum*, après le divorce, ne voulait pas me laisser sortir de chez moi. J'ai gardé tous ces malheurs à l'intérieur de moi. C'est pourquoi j'ai fait une dépression; à cause de ma mère aussi.

Mon père était normal mais sévère avec nous. Aujourd'hui, je n'en veux pas aux hommes ni aux femmes, mais dans ma vie, j'ai des relations d'amitié pour faire des activités. Ma fille est fine, elle a beaucoup changé après son divorce.

Depuis, j'ai peur de m'engager dans une nouvelle relation. J'aime vivre dans la paix, j'évite les gens malsains. Quand ça va bien, il y a des gens jaloux qui veulent te faire du mal. Maintenant, je guéris mes peurs. Je trouve que le Pont est tranquille et je suis bien là. Je ne bois pas. À cause des médicaments, je ne peux pas consommer de boisson. La boisson multiplie par dix l'effet des médicaments ou par deux avec la bière.

On a des maladies et il faut les accepter. Moi aussi j'ai des idées suicidaires comme beaucoup de gens et c'est normal.

Malgré tout, je dis que ça vaut la peine de vivre.

Y.

Une petite voix douce me parle et se mêle à ma pensée. Je l'entends dans ma tête comme un petit coup de vent.

Y.

Ne cherche pas à ce que les événements arrivent comme tu veux, mais veuille que les événements arrivent comme ils arrivent, et tu seras heureux.

Epictète, philosophe grec

J'aimerais partager avec vous mon expérience de vie au sujet du décrochage scolaire.

Au primaire, j'ai fréquenté six écoles différentes parce que j'avais des troubles d'apprentissage. C'est très difficile de s'adapter et de conserver ses amis en changeant constamment d'école. J'ai perdu complètement confiance en moi et l'estime de moi. Je me sentais dévalorisé et si différent des autres.

Je considère l'école comme un « fourre-tout » où l'on place, dans une même classe, des jeunes avec des handicaps très différents, par exemple, des gens qui ont des handicaps intellectuels légers ou sévères, des jeunes ayant des troubles de comportement, des jeunes vivant avec des handicaps physiques.

J'ai fréquenté l'école Sainte-Bernadette, Pie X, Saint-Joseph, Mgr Rhéaume, Jean XXIII et Notre-Dame-de-Protection. Ensuite, au secondaire, j'ai fait quelques années en cheminement particulier à l'école D'Iberville et j'ai poursuivi à l'éducation des adultes, mais j'ai été dans l'obligation de cesser ma fréquentation scolaire à cause de mes difficultés d'apprentissage. J'ai par la suite, eu quelques petites *jobs*. Ne sachant ni lire, ni écrire, ça me limite beaucoup. Je trouve que je n'ai pas assez de place dans la société. J'aimerais être plus utile. Je fais un peu de bénévolat. Je sais que j'ai certains talents, je pourrais peut-être les exploiter, les découvrir en participant à des ateliers comme la peinture, les arts, le bricolage ou autres.

Je remarque qu'il y a peu de services pour les jeunes qui sont dans la même situation que moi. Ils s'ennuient et se sentent peu valorisés.

J'aimerais encourager les jeunes à ne pas démissionner, malgré leurs difficultés, à ne pas décrocher, mais plutôt à s'accrocher afin de réussir leur vie, car mon expérience à moi fut pénible et je dois me battre encore afin de trouver ma place.

Tiré du journal *Le milieu*, été 2007.

D.C.

*J*e demeure à Rouyn depuis dix-sept ans. J'ai toujours travaillé comme éducatrice en déficience intellectuelle. Je suis mariée depuis trente et un ans, j'ai un fils de trente ans qui travaille en électricité et qui demeure avec sa blonde, et j'ai une maison.

J'ai voyagé en Israël, à Cuba, au Mexique et en Floride, surtout avec mon mari. Quand mon fils était jeune, je l'ai amené à Disneyland. C'est le seul voyage qu'il a fait avec nous. Le désert d'Israël, c'est le meilleur souvenir que j'ai de tous mes voyages.

À force de trop s'investir dans le travail, si l'on n'y prend garde, on se vide de son énergie et c'est là que la dépression peut s'installer. J'ai fait une première dépression à trente-cinq ans. J'ai donc un diagnostic de dépression. J'ai rencontré un psychiatre et mon médecin de famille, à Amos, où je demeurais, et l'on m'a prescrit des antidépresseurs. J'ai l'impression que le temps et la psychothérapie ont agi plus efficacement sur moi que les médicaments. Ma psychothérapie n'a duré que six mois.

Je vivais de la tristesse avec de la grande fatigue et je pleurais tout le temps. Je ne dormais pas bien la nuit et, au travail, je profitais des pauses pour dormir. Alors, j'ai accumulé de la fatigue, au travail je m'épuisais vite et c'est à ce moment-là qu'a commencé ma dépression.

Maintenant j'ai cinquante-cinq ans et je n'ai été hospitalisée qu'une semaine en psychiatrie interne depuis ma première dépression. Pendant des années, j'ai été déprimée, j'ai pris beaucoup de médicaments, et seul le temps m'a fait sortir de ma dépression. J'aurais voulu dormir pendant six mois pour sortir de cette dépression, pour raccourcir le temps trop long, j'aurais voulu qu'il file très vite. J'ai quand même vécu beaucoup de rechutes depuis l'âge de trente-huit ans.

Aujourd'hui, je prends encore du *Lithium*, un antidépresseur et un antipsychotique, ce qui m'a libérée d'un mal de cœur qui m'a retenue passive pendant trois ans. Je faisais du tapis roulant et le mal de cœur m'empêchait de continuer mes exercices.

Je vais bien depuis deux ans, le pire c'était ce mal de cœur pendant trois ans.

Mon mari et moi, on se connaît beaucoup et ça va bien. Il était éducateur comme moi et aujourd'hui, il est retraité. Cela m'a fait du bien quand, moi aussi, j'ai cessé de travailler.

J'ai eu un soutien de ma famille, aucun conflit dans la parenté. Comme passe-temps, je joue au scrabble, je fais de la peinture et du « cardio-forme ». L'hiver, j'écoute mes téléromans et l'été je lis sur mon patio. J'aime aller au restaurant en famille. Il y a un projet de voyages aux Philippines et en Chine.

Je suis anxieuse quand ça ne va pas avec mon fils. Il fume du pot et il est sur l'aide sociale des périodes de temps. J'accepte ça mal et je ne suis pas satisfaite de lui. Aujourd'hui, je considère que je suis stable. Je vois mon psychiatre au deux mois. Elle veut m'abandonner, elle trouve que je vais bien et elle veut me référer à mon médecin de famille.

MARIE-GUYLAINE

*L*e 5 août 1981, je naissais au Témiscamingue, sous le signe du lion, ce qui présage une forte personnalité. Je serai une meneuse, c'est certain!

J'ai eu une belle enfance au Témiscamingue, mais mon adolescence que je passe entre l'Estrie et Chapais est plus *rock and roll*, je me rebelle contre l'autorité. Je fume un peu de *pot* comme la plupart des adolescents mais jamais de cocaïne. On me considère donc comme une adolescente turbulente, c'est à cette époque que j'irai faire une année scolaire dans un pensionnat anglophone... J'ai vécu plusieurs déménagements ce qui m'a fait vivre plusieurs adaptations.

Je termine mon secondaire dans la ville de Chibougamau. J'entreprends mon Cégep à Chicoutimi, pour le terminer à Rouyn-Noranda. C'est à l'Université de cette même ville que j'obtiens mon baccalauréat en enseignement primaire et préscolaire. En terminant mon Cégep, je choisis de faire un voyage découverte en Allemagne avec d'autres étudiantes. Et quelques années plus tard, lors des vacances d'été, j'irai chercher un perfectionnement en anglais à Halifax.

Depuis six ans, je suis professeure d'anglais au primaire pour la Commission scolaire de Rouyn-Noranda; j'adore mon métier.

À vingt-sept ans, je vis une phase de désorganisation; tout va trop vite, je perds le contrôle de ma vie dans tous ses aspects (personnel, professionnel, organisationnel). On soupçonne un état de bipolarité.

Je ne réagis pas tout de suite, c'est deux jours plus tard que j'en pleure. Mes amies du Témis me disent : « On t'aime toi, on va faire un bout de chemin avec toi. » La présence de ma grande amie, Annick, m'aidera beaucoup lors de cette première psychose.

Pendant huit mois, je prends du *Zyprexa** cette médication me fait dormir. Je ne fais plus rien, je parle à peine, je ne souris plus. En fait, je n'ai aucune réaction, aucune participation ni implication face aux stimulus du monde extérieur; la seule chose dont je suis capable c'est de manger.

Ma mère, infirmière et géniale, fait tout pour et avec moi. Elle m'encourage, m'accompagne dans tous mes rendez-vous, cherche avec moi des pistes de solutions et même si rien ne m'intéresse, elle continue à m'informer de tout ce qui me concerne. Elle fait des démarches pour que je sois prise en charge par un psychiatre.

Un des éléments déclencheurs de mon premier épisode de psychose fut certainement ma relation de violence psychologique et physique avec mon conjoint. Ma santé se détériore, mais je garde pour moi cette souffrance; cela durera deux ans.

Cette relation me jette carrément à terre. Ma mère veut m'aider; je refuse parce que je n'ai pas encore décidé de me prendre en main. Je vis des *down* profonds. C'est la mort. J'ai mon plan, je veux mettre fin à cette souffrance par le suicide mais mes parents pressentent quelque chose et ils ne me laissent pas toute seule au moment où je veux mourir. Résultat, je suis hospitalisée dans l'aile psychiatrique. Mon désespoir augmente car j'ai peur et je ne suis pas dans mon élément. Mon médecin cherche un autre médicament pour que j'arrête de souffrir.

Je reprends le contrôle de ma vie pendant plusieurs mois; je suis fidèle à mes rendez-vous autant avec ma coach de vie qu'avec mon psychiatre. Je prends ma médication régulièrement; elle me convient pour l'instant. Je retrouve le goût à l'enseignement et me revoilà dans une nouvelle relation amoureuse mais, cette fois-ci, je suis prudente...

Pour mon deuxième épisode de psychose, je sens depuis quelques semaines que cela va trop vite, beaucoup d'événements me demandent de l'adaptation, de la gestion du stress; j'en parle à mes grandes amies et elles seront là pour me dire d'aller consulter si cela devenait nécessaire. Finalement, ce sera suite à une visite à l'urgence où l'on me donnera de la *Prednisone** pour traiter une bronchite que ma condition se détériorera rapidement... me voilà décollée!

Au même moment, j'ai un contrat pour quelques jours de remplacement dans une école, je ne veux pas cesser de travailler, je me sens encore en mesure d'assumer mes fonctions. Je tousse, j'ai mal dans la poitrine, je perds le souffle mais je suis présente dans la classe. Je calme les élèves en leur disant que ça va passer et pour les rassurer j'installe un jeu de rôle avec eux. L'un d'entre eux m'apporte de l'eau comme ferait un ambulancier tandis qu'un autre joue au psychologue pour me rassurer. La direction voyant la situation me conseille de me reposer. Ma mère était avec moi depuis quelques jours, elle m'a accompagnée à mon rendez-vous chez le psychiatre et j'ai été hospitalisée pour la 2e fois. J'ai trouvé difficile de dire oui pour cette seconde hospitalisation, tellement de souvenirs me revenaient en mémoire mais cela devenait nécessaire pour réajuster ma médication.

Comme la première fois, mon médecin cherche quelle médication me conviendrait, pour contrôler ma manie. Le médicament prescrit n'a pas l'effet escompté, je deviens agressive et je vis l'isolement. Les quatre infirmiers devaient me maîtriser et vint le moment de la fameuse piqûre, celle qui m'abîme. Voyant que mon hospitalisation se prolonge, je veux quitter l'unité et pour ce faire je dois signer un refus de traitement, je veux vivre librement.

Je finis par sortir en passant par la cour où le juge me considère apte à faire un retour dans la société. Avant de quitter l'unité de psychiatrie, je prends un patient sous mon aile et lorsque son congé lui sera donné nous vivrons ensemble. Les intervenantes du RAIDDAT me recommandent de faire attention aux conséquences car je suis très généreuse et, selon elles, cela pourrait m'entraîner dans une situation hasardeuse. À ce moment-là, dans ma tête, je suis une femme très forte et je peux tout faire, je suis invincible. Mes parents aussi tentent de me mettre en garde mais rien ni fait, je pense savoir quoi faire, je me sens puissante, ne suis-je pas là quand Dieu se repose?

Trois semaines plus tard et après une vie très désorganisée, tumultueuse et dangereuse, je me rends à mon rendez-vous avec le psychiatre. Mes parents sont présents et devant mon refus d'accepter mon hospitalisation, devant le fait que je suis dangereuse pour les autres et pour moi-même, on doit avoir recours aux policiers pour me conduire à l'unité psychiatrique. On m'a reconduite contre ma volonté au fameux 6ᵉ, l'endroit où j'ai eu mon injection; j'ai peur et j'ai perdu confiance envers l'équipe. Ma psychose durera deux mois. Deux longs mois retenue à l'unité psychiatrique sur ordonnance de la cour pour trente jours. Je me répète constamment ici, je ne peux pas évoluer, je veux vivre libre, en solo !

Lors de mes épisodes de psychose, j'ai des délires, ma pensée va à trois mille kilomètres heure. Je ne m'écoute plus, je ne respecte pas mes limites et paf ! Je tombe dans une phase *high* où je perds momentanément le contact avec la réalité : je me sens super puissante, je vis sur la vague de mon *high*, je suis un satellite, au-dessus du monde et rien ni personne ne peut m'arrêter. J'invente un monde fantastique où tout est permis et je suis bien dans mon euphorie, je flotte, je vis des moments inoubliables. Moi et les Mayas sommes comme les deux doigts de la main ! C'est trop le fun, et j'ai peur de redescendre de mon *high*, j'ai peur de tomber dans un *down*. J'ai le fantasme que je vais guérir…

Mon père et mon frère se ressemblent comme deux gouttes d'eau. Mon frère est militaire et il doit s'absenter durant de longues périodes. Lors de mon dernier épisode de désorganisation, j'ai fait une paranoïa sur Facebook : mon frère m'espionnait dans mon ordinateur et je le cherchais sur Internet. Pour l'instant, il ne comprend pas ce qu'est Isabelle dans ses *high* et ses *down*. Mais ça va venir.

Dans mon délire, j'agresse ma mère verbalement et mon frère s'indignait devant mon attitude. C'est vraiment ma maladie qui me contrôle et j'ai blessé mes parents sans m'en rendre compte.

Ma mère chemine bien sur la route de la compréhension face à mes comportements et à mon agressivité verbale. Elle a su se retirer lorsque je l'agressais. Elle a donné plus de place à mon père, car lui, il a une place privilégiée dans mon cœur; je me considère encore comme la petite fille à son papa. En plus, mon père cette fois-ci, a fait beaucoup de lectures lui aussi sur la bipolarité, et ce, même s'il n'a pas été très impliqué lors de mon premier épisode. Ils comprennent encore plus maintenant ma maladie et j'ai un appui incroyable de leur part. Une chose est certaine : maintenant j'accepte le diagnostic de BIPOLARITÉ et je ne parle plus d'hyperactivité.

C'est quelque chose être bipolaire. De vivre au rythme des saisons, avec toujours une petite pensée pour ne pas revivre une rechute.

Pour s'en sortir, ça demande une dose phénoménale de courage… Miser sur tout ou rien. Ou faire ce que l'on peut avec ce que l'on a. J'ai une chance dans ma malchance : je ne suis accroc ni à la drogue ni à l'alcool.

Je suis une personne très généreuse, mais je n'aime pas qu'on me juge. Je ne cesserai jamais d'être ce que je suis malgré ma maladie. L'important, c'est que je me comprenne, afin de pouvoir, le plus possible, prévenir les « débalancements » et ainsi, préserver ma stabilité.

Maintenant, je canalise mon énergie. Je ne me sens pas cataloguée, je suis une femme qui cherche à en savoir toujours plus sur elle-même et sa maladie.

Le plus beau cadeau dans ma vie, c'est ma famille, mes amis et mon entourage. Je sais comme je suis chanceuse; mes amis contactent mes parents, ils s'inquiètent de moi, je trouve cela touchant comme attention. Solène est aussi une amie avec laquelle j'ai une bonne complicité; nous nous racontons nos trips et nous en rions!

J'aimerais faire partie des pairs aidants* et tenter de faire une maîtrise en psychoéducation à Rouyn. Aujourd'hui, je suis célibataire, sans enfant. Je n'envisage pas la maternité parce que j'ai peur de transmettre ma maladie; il y a tellement de souffrance à vivre avec cet état. Par contre, j'aimerais bien devenir une famille d'accueil pour les enfants.

J'ai perdu mon appartement à Rouyn. Lors de ma dernière psychose, étant convaincue que je pouvais m'acheter une maison, et ayant fait beaucoup, beaucoup de démarches pour réaliser ce rêve, la résultante fut que je perdis mon logement. Maintenant, j'habite chez mes parents.

Je me vois sur le chemin du rétablissement. Je sais que je dois me reposer encore. J'ai réalisé que pour avancer je devais d'abord me pardonner toutes les erreurs que j'ai commises. Je n'étais pas une cliente géniale, car j'étais très exigeante et je me fâchais pour rien. J'apprends à faire la part entre moi et ma maladie.

ISABELLE HÉBERT

*Le trouble bipolaire 1 : se caractérise par un ou plusieurs épisodes maniaques ou mixtes et des épisodes dépressifs d'intensité variable (le diagnostic peut être posé même en l'absence de trouble dépressif).

*Zyprexa : régulateur de l'humeur.

*Prednisone : un dérivé de la cortisone, contre-indiqué chez ceux qui souffrent d'un trouble mental.

*Pair aidant : personne vivant ou ayant vécu un trouble grave de santé mentale et qui par son expérience de la maladie et de sa compréhension de son processus de rétablissement aide ses pairs à surmonter les obstacles et à identifier ce qui les aide à se rétablir. (Programmes québécois Pairs Aidants Réseau).

Dormir au son de la pluie qui tombe sur la tôle de sa cabane. Et le riche, qui faisait le tour du monde d'un palace à l'autre, avoua ne pas connaître cela.

Félix Leclerc

*J*e demeure à Ville-Marie. J'ai trente-sept ans et je suis dia-gnostiquée bipolaire depuis quatre ans. Je crois que j'ai cette problématique depuis ma naissance.

À l'âge de neuf ans, j'ai cessé de manger pendant sept mois. Mes parents m'ont amenée voir des médecins, un pédiatre. Je crois que c'est là que le bal des spécialistes a commencé. J'ai vécu cette année-là plusieurs chocs émotifs. Le médecin ou le pédiatre a dit : « Ça arrive à tout le monde, j'étais pareil à son âge. » Je me suis fait dire la même chose de l'âge de vingt-trois à trente-trois ans par tous les spécialistes et intervenants que j'ai rencontrés.

Du plus loin que je me souvienne, je faisais de terribles cauchemars, de l'insomnie et peut-être de l'anxiété. Je disais que j'avais une différence mais puisque tout le monde est différent… Et puis, j'étais très douée à l'école, dans les sports, en art etc. Ce qui faisait dire que j'allais très bien !

À l'école, surtout au début de l'adolescence, j'étais assez perfectionniste et un peu paranoïaque dans mes relations in-terpersonnelles. Je croyais que personne ne m'aimait. Mes perceptions sur les choses étaient plus négatives que positives. J'essayais de toutes mes forces d'être moins émotive, sensible; mon père m'apprenait à respirer comme il faut, je m'y exerçais, je me faisais des enregistrements de relaxation.

De seize à vingt-trois ans ce fut l'anorexie : des cures de raisins et parfois rien du tout. Aujourd'hui, j'ai la conviction que ça faisait partie de la maladie. J'avais toujours peur de quelque chose et je voulais disparaître, être un oiseau ! L'anorexie mentale se vit lorsqu'on a très peu d'estime de soi et pourtant, j'ai vécu une belle enfance, entourée d'une famille aimante.

Lorsque j'étais aux études à Montréal, j'avais six cours à l'Université, je travaillais les fins de semaines, je ne mangeais à peu près rien et je consommais beaucoup de drogue. J'ai souvent voulu mourir, je ne savais pas ce que j'avais, j'écrivais, cela m'a beaucoup aidée. J'ai fait plusieurs conneries que je ne raconterai pas, je crois que je dois bien avoir un ange gardien. J'ai pris plusieurs risques qui auraient pu me coûter la vie !

J'ai étudié en cinéma et en théâtre pendant six ans. Le théâtre, ma passion, m'a gardée en vie, ma famille aussi du fait que je ne voulais pas qu'elle souffre. Je crois que lorsqu'on est bipolaire la drogue ajoutée à une sexualité exacerbée joue le rôle d'une médication. Je sais en tout cas, pour l'avoir vécu, que ça joue au niveau de la sérotonine, alors on ne sait pas ce qu'on a mais on trouve des moyens d'atténuer la souffrance ou d'endormir la douleur le plus possible.

J'ai vécu de l'abus, mais je ne m'en rendais pas compte car je me disais que tout était toujours de ma faute. C'est-à-dire que ma maladie m'inhibait sur le plan de l'affirmation. On dirait qu'on a une grande confiance en ses capacités, talents, aptitudes et aucune estime de soi, c'est étrange.

Alors à vingt-trois ans, ça ne fonctionnait plus à Montréal, je pouvais à peine sortir de chez moi. Quand je me rendais à l'hôpital on me « traitait » d'hypocondriaque, sans chercher à m'aider, j'étais jugée. À Rouyn, mon médecin m'a dit que je faisais une dépression majeure et il m'a donné un DVD de Jacques Languirand. Elle m'a suggéré des antidépresseurs mais, comme j'étais entourée de « gauchistes », tout le monde me disait que ce n'était pas bon pour moi, que j'allais passer ma vie là-dessus, que ça gelait les émotions, rendait léthargique, que les médecins les prescrivaient pour se débarrasser de nous et qu'ils avaient une commission sur leur vente. À partir de ce jour, j'ai toujours eu peur de la médication, aujourd'hui, je me dis qu'elle est aussi victime de préjugés.

Mon père m'a beaucoup soutenue, encouragée, écoutée, il m'a donné toutes sortes de trucs qui m'ont beaucoup aidée, surtout depuis que j'ai une médication. Relaxation, dessins, mandala, méditation, visualisation, marche, respiration, réseau social, je connaissais tout ça et je pratiquais tout ça. J'ai commencé à voir une art-thérapeute. En fait, je dirais que j'ai, depuis longtemps, une excellente santé mentale, mais que je souffre d'une maladie. Comme une personne diabétique, épileptique ou qui a la sclérose en plaques. Je suis vraiment tannée que les gens croient, encore aujourd'hui, que les personnes qui ont une maladie mentale n'ont pas fait ce qu'il fallait ou qu'elles ne prennent pas soin d'elles, etc. D'ailleurs, j'appellerais plutôt ce trouble *maladie du cerveau* ou mieux *une dysfonction des neurotransmetteurs*. Il y aurait moins de préjugés.

Bref, après m'être rendue souvent à l'urgence, après avoir vécu un million de fois des crises de panique, d'anxiété et d'angoisse, après avoir fait une dépression majeure par année pendant dix ans, après être tombée en manie qui, chez moi, s'avérait être un mixte d'euphorie et d'état dépressif. Après une bonne dizaine de psychoses, des fatigues extrêmes, des maux et une maigreur anormale, après m'être fait dire par des médecins et des psychiatres que je n'avais rien et que j'avais juste à aller faire du théâtre à Montréal, que ça me guérirait. Après m'être fait conseiller de faire du yoga, de boire de la tisane ou que je pouvais me guérir par la force de la pensée. Après avoir rompu avec un gars qui voulait m'étrangler chaque fois que j'étais dans mon état dépressif de fatigue extrême. Après tout ça, j'ai rencontré un homme merveilleux et bon. Je me souviens, on marchait souvent dans son rang et je lui disais que je voulais définitivement mourir, que ça ne pouvait plus continuer, lui, qui était contre les médicaments, m'a dit qu'il fallait absolument que je me soigne et qu'il serait là pour m'épauler. Nous avons tenu promesse.

C'est mon médecin qui m'a envoyée chez la psychiatre. Je ne sais pas comment elle s'y est prise, ma psy, pour réussir à me faire prendre une médication; j'avais peur, surtout peur d'engraisser! Ce qui a été le cas, mais aujourd'hui je m'en fous car je vais bien, plus que jamais, j'aime la vie et je suis en santé.

Bref, ma psy me laissait être responsable de ma médication, me faisait confiance, j'avais beaucoup de questions et elle m'a vraiment soutenue, son infirmière aussi. La maladie mentale est présente dans ma famille mais non déclarée, en fait, on appelait ça autrement dans le temps. Il y a eu beaucoup de déni, les choses ont changé depuis.

Heureusement que l'organisme le Portail existe. Il fait partie des organismes membres de la *FFAPAM qui soutiennent les proches des personnes qui vivent avec la maladie. J'ai été chanceuse d'y rencontrer une travailleuse qui connaissait la bipolarité car les organismes en santé mentale ne s'occupent pas tellement des bipolaires, ni des gens qui souffrent d'anxiété généralisée et de dépression généralisée. Pour cela, au Québec, il n'y a que l'organisme REVIVRE, mais il est à Montréal.

Bref, cette femme m'a aidée, ainsi que ma psychiatre, la médication et toutes les recherches que j'ai faites à ce sujet, je dois être rendue spécialiste en bipolarité !

Je prends du *Lamictal* qui est un médicament pour traiter l'épilepsie. C'est drôle car je disais souvent à un ami que ce que je vivais c'était comme des crises d'épilepsie mais qu'au lieu de faire une crise du même type, je faisais des crises d'anxiété et de panique, ensuite mon système tombait en dépression. Plusieurs études scientifiques et médicales expliquent comment se traduit cette maladie dans le cerveau. Ça se passe au niveau des neurotransmetteurs, des amygdales qui gèrent le mécanisme de la peur et des émotions, de l'hippocampe qui génère toutes les réponses du corps : faim, stress, agressivité, etc. Les épisodes dépressifs ont comme impact de réduire et d'endommager l'hippocampe qui est l'élément central du cerveau, il y a donc dans cette période une dysfonction des circuits cérébraux tels que la sérotonine, la neurodrénaline et la dopamine. Pour ce qui est de la bipolarité, on observe, avec une radiologie, une baisse d'activité dans les régions du cortex préfrontal. Des modifications du fonctionnement cérébral lors du sommeil sont observables par un électroencéphalogramme. Ça m'aide beaucoup de savoir tout ça et surtout de me dire qu'un jour tout le monde prendra le temps de lire à ce sujet et qu'il y aura beaucoup moins de préjugés et de stigmatisation et d'erreurs de la part d'intervenants qui ramènent tout à la responsabilité individuelle ou sociale, ce qui génère une grande culpabilité chez les personnes qui souffrent déjà suffisamment et peut conduire au découragement et au suicide.

Une fois, j'ai diminué beaucoup mon médicament, à cause des préjugés et parce que je voulais perdre du poids et, à Noël, dans ma famille, j'ai fait une épouvantable crise de panique! C'est terrible le sentiment qu'on porte en soi longtemps après. Ce qu'il y a de bien avec les rechutes c'est qu'on se rend compte qu'on a vraiment une maladie qui est loin d'être imaginaire!

J'aurai toujours une fragilité qui fait que je suis vigilante tout le temps, ça devient fatigant parfois. Je dois manger et dormir à heures régulières, respecter mes limites, je bois à peine, je fais du sport, du yoga, de la méditation. Je me considère chanceuse d'être passée au travers. Je travaille, je peins, je fais du théâtre, j'ai des projets. Je dois me tenir occupée car le « cheval fou » ou le « hamster » est constamment en action, c'est-à-dire que mon cerveau est constamment en ébullition. Je m'habitue tranquillement. Oui, j'ai eu une bonne éducation et mes parents m'ont transmis le goût d'apprendre et la curiosité, ça m'a beaucoup aidée dans mon rétablissement. Je me suis long-temps sentie coupable, aujourd'hui je comprends que ce n'est pas ma faute, j'espère que les gens comprennent aussi. Mes deux sœurs ont toujours été là pour moi, pendant la maladie, je ne me confiais pas, aujourd'hui je peux en parler et elles comprennent vraiment bien.

Mon chum m'aide beaucoup, il est ouvert à ce qu'on discute, on a une bonne communication. En manie, je l'ai laissé tomber, si j'ai un regret à avoir, c'est celui-là. Ensuite, il est revenu dans ma vie. Je n'ai pas d'enfants, mon conjoint a un fils que j'adore et j'emprunte les enfants des autres. Je voulais être « grande sœur » et comme il n'y a pas ce service où je vis, une amie m'a demandé d'être la grande sœur de sa merveilleuse fillette. Je m'occupe de mes neveux et de ma nièce. Les enfants c'est vraiment ma joie, mon soleil, mon bonheur. Je ne voudrais pas que mon enfant vive ce que j'ai vécu. Il y a encore trop de méconnaissance à ce sujet. La vie est de plus en plus complexe ce qui fait qu'en quelque sorte, les stigmates font leurs racines souterraines.

À mon premier travail à Ville-Marie, ça ne m'a pas aidée de parler de ma maladie. Le fait de dire que j'étais diagnostiquée, a fait jaser et j'ai vécu des préjugés. Mais je continue de le dire quand même, si ça peut aider quelqu'un, j'en serai très fière.

J'ai plusieurs emplois en même temps, je suis animatrice communautaire au Centre de femmes où je donne des ateliers d'écriture en vue de la Journée internationale des femmes. Parfois, j'ai des projets avec des jeunes en difficulté ou en intégration sociale. Je joue au théâtre, je donne des ateliers avec « Les artistes à l'école », cette année j'irai au Lac St-Jean. Le théâtre me fait du bien pendant un moment et puis je reviens à mes nouvelles passions. Je veux devenir pair aidant, j'irai en formation l'automne prochain. J'ai le projet d'écrire au sujet de la maladie mentale et je tente par tous les moyens de partir une association pour les proches.

Mon souhait serait qu'il y ait plus de services pour les proches et les personnes bipolaires à Ville-Marie. Ça fait trois ans que je fais des démarches et ça n'avance pas. J'ai donc fait venir une conférencière à propos du rétablissement et des pairs aidants. Par moments, je me décourage, un psychiatre m'a dit que j'étais impatiente, j'ai cessé de le voir et d'écouter ceux qui me découragent. Je me retrousse les manches et je continue car pour moi c'est primordial qu'il y ait de l'amélioration dans les services de santé mentale. Parce que c'est la pire maladie, oui elle nous fait grandir, on devient plus compatissant et de meilleures personnes après, mais pendant c'est l'enfer. Alors imaginez si c'était vous! C'est ce qui manque souvent, l'empathie. Et puis, il ne faudrait pas oublier qu'une grande majorité des gens qui se suicident ont une de ces maladies. Il faudrait peut-être en parler davantage et faire de la prévention en ce sens, comme ça on ferait d'une pierre deux coups et je suis convaincue qu'ainsi le taux de suicide diminuerait significativement. En tout cas, ce qui est sûr c'est que je n'ai pas perdu mon idéalisme, et mon côté missionnaire.

SOLÈNE BERNIER

*FFAPAM : La fédération des familles et amis de la personne atteinte de maladie mentale est un réseau québécois de 39 associations dédiées aux mieux-être de l'entourage d'une personne atteinte de maladie mentale.

...Parce que c'est la pire maladie, oui elle nous fait grandir, on devient plus compatissant et de meilleures personnes après, mais pendant c'est l'enfer. Alors imaginez si c'était vous !

SOLÈNE BERNIER

C'est à la peur qu'il surmonte qu'on mesure le courage.

Jacques Ferron, écrivain québécois

À vingt-neuf ans, on m'a diagnostiqué schizophrène à tendance bipolaire.

J'ai de beaux souvenirs qui me reviennent de mon enfance : je me sens toujours de bonne humeur, je suis bien dans la grande maison avec ma mère, j'aime beaucoup celui que je pourrais appeler mon beau-père. Je faisais des voyages chez des amis au Québec. À huit ans, avec mon ami S. je suis allé en France, accompagné par un ami de ma mère.

Durant les vacances d'été, avec mon meilleur ami D., nous passions nos journées dehors à nous construire des cabanes dans le bois, à nous baigner au lac, à jouer dans la grange ou à allumer des feux de camps en plein hiver sous l'abri qu'on s'était fait. Comme D. demeurait loin de chez moi, je parcourais six kilomètres pour me rendre chez lui en vélo. Contrairement à d'autres, je n'avais jamais de querelle avec lui.

À onze ans, je considérais la petite voisine comme ma première blonde et pour elle j'étais son compagnon amoureux, jusqu'au jour où ses parents découvrirent que nous échangions des caresses et des attouchements sexuels. Ils m'interdirent alors de revoir ma petite copine.

À quatorze ans, pendant l'hiver c'était la folie des neiges. On jouait à la pitoune (hockey sur bottines) à la patinoire du village. J'étais bon attaquant et plus tard défenseur. On fumait des cigarettes dans la cabane à la patinoire avec tous les gens du coin. Je m'affirmais. Avant de devenir mon ami, K. me traitait de nègre parce que j'avais les cheveux frisés crépus et la peau brune.

Cette année-là, je suis retourné en France, rejoindre ma mère qui avait quitté mon beau-père. Je possède beaucoup de photos-souvenirs.

Aujourd'hui, je fréquente encore D. et je n'ai pas revu les autres.

Après le Cégep, je quitte l'Abitibi pour l'Université de Montréal. Mon vrai père et ma mère m'ont aidé à payer un bel appartement. J'aurais pu être heureux : j'avais des amis, je rencontrais des filles, mais je me suis laissé avoir par la boisson et la drogue. Je suis devenu excessif. Dans la « sniffe », la boisson, les danseuses. Je consommais. Pour moi, j'étais dans la vraie vie. Alors que j'en perdais le contrôle, que je désertais la réalité, que je laissais partir une belle Sophie intelligente et qui m'aimait. Moi, je désirais la fille au body de déesse. Je suis tombé à pieds joints dans l'illusion. Un vrai naïf.

Ma période noire a commencé.

J'ai quitté un appartement pour aller vivre avec une femme plus âgée que moi. Elle aimait bien fumer du pot et boire du vin.

Et c'est dans cet appartement de Montréal qu'un bon matin j'entendis un bruit inhabituel, comme une sorte de sifflement, qui m'a surpris désagréablement. Puis, j'entendis des voix de plus en plus et cela devenait très troublant et envahissant. Je me demandais d'où provenaient ces voix : de mon appartement ? du voisin ? de l'extérieur ? Je voulais absolument savoir ce qui

m'arrivait. Pourquoi j'entendais des voix ? Il y avait des applau-
dissements aussi, des cris, etc. Avec une amie, que je contacte, je
me rendis à l'hôpital où un médecin me donna un rendez-vous
avec un psychiatre pour le lendemain.

Le psychiatre m'apprit que je faisais une psychose et que
je devais arrêter la consommation du *pot*. Il me prescrit de
l'*Haldol*. Je retourne chez moi, je fume du pot, je prends
l'*Haldol* et je disjoncte ! Je suis agressif envers ma blonde. Nous
allons prendre une marche afin de me calmer, mais ça ne réussit
pas et je lui fais une crise. Je lui reproche de ne pas être affec-
tueuse avec moi, de ne pas me comprendre. On se prend vite
au collet et ma blonde crie à un passant d'appeler l'ambulance,
en lui disant que je suis malade. Les ambulanciers ont beaucoup de difficulté à me maîtriser. Ils m'attachent si serré sur
la civière que j'ai une main toute bleue. Sur le lit d'hôpital, ce
premier soir, on m'attache aussi, parce que je délire. Je dis des
choses comme : « Je veux mourir, au secours, détachez-moi, je
ne vais pas bien, j'ai peur, etc. » Avec un médicament liquide
que l'on me donne, je reviens tout de suite à moi, j'arrête
de déparler. Ils me détachent pour la nuit considérant que je
suis stable. Je recouvre la raison, mon état est normal. Deux
femmes psychiatres se penchent sur mon cas pendant quelques
minutes et elles se mettent d'accord pour le diagnostic : je fais
une psychose aiguë.

Le lendemain matin, je fus saisi de panique. Je voulais sortir
de cet hôpital, j'avais peur de rester interné toute ma vie. J'avais
l'impression d'être un fou dangereux qu'on enferme à jamais. Je
voulais sortir de là. J'ai donc monté sur le rebord de la fenêtre
pour sauter en bas. Mais il y avait des grilles et l'infirmière
me dit de descendre de mon perchoir. Je voulais m'évader et

mourir. Voyant que je ne pouvais pas m'enfuir, je suis entré dans la salle de bain de l'hôpital croyant qu'il y avait un couteau dans la pharmacie mais ce n'était pas le cas, alors, dans mon désespoir, je me suis mordu le poignet au sang et je l'ai frotté sur la tuyauterie de la toilette pour que ça saigne. Je sentais une drôle d'odeur dans l'aile psychiatrique, comme une odeur de brûlé. Pour moi, on aurait dit une senteur de serpent. Je voulais que le préposé me trouve mais c'est ma blonde qui est arrivée; elle était affolée et elle a prévenu les gens du service.

J'ai vu cinq psychiatres qui souhaitaient me garder prétextant une tentative de suicide. J'y suis resté trois semaines enfermé. C'était très pénible et je supportais mal cet enfermement : le fait de ne pouvoir respirer le grand air, de ne pas me sentir libre mais coincé entre ces murs d'hôpital. J'étais malheureux et sans espoir. On m'avait enfermé contre ma volonté.

Dès ma sortie, j'ai continué à fumer du *pot* et à boire beaucoup. Je n'acceptais pas d'avoir fait une psychose comme me l'a dit le premier psychiatre que j'ai rencontré. Je continuai mes études et, après un certain temps, j'ai rompu avec ma blonde, je voyais bien que ma relation avec elle était surtout une dépendance à l'alcool et au *pot*.

Après mon bac, je suis revenu en Abitibi.

Je me suis souvent posé la question depuis : malgré tout ce que l'on a pu me dire, malgré toute la souffrance, malgré tout le mal que je me suis fait, la peine que j'ai causée, quand le déclic s'est-il produit, provoquant le commencement d'une réflexion sur moi-même et sur ma vie ? J'en ai entendu des mots, on m'en a dit des choses pour m'éclairer, m'aider, m'amener à comprendre ce qui m'arrivait. Pourtant, dans mon souvenir, ce sont de simples mots de ma cousine – travailleuse sociale avec qui je partageais un appartement – de simples mots qui me reviennent : « Tu ne devrais pas faire ça, ton comportement n'est pas acceptable, c'est antisocial de fumer du *pot*, tu te coupes du monde. » Est-ce le ton de sa voix, son attitude, le lien de parenté qui nous liait et qui me donnait une grande confiance ? – J'aimais beaucoup ma cousine, elle a été ma compagne de jeux lorsque j'étais enfant. Une petite lumière s'est allumée dans mon esprit, je suppose, à ce moment-là, et j'ai commencé à comprendre que ma santé était importante et qu'il fallait faire attention à moi, à mon état mental et physique. J'ai réalisé et admis après quelque temps que la drogue était néfaste pour moi.

Ce fut un très long commencement. Des années plus tard, après beaucoup de combats, de chutes et de rechutes, un internement à Malartic, j'ai fait les premiers pas qu'il fallait vers l'acceptation de ma maladie et ma sobriété. Aujourd'hui, je suis bien ma médication et j'ai six ans d'abstinence. Et jour après jour, 24 heures à la fois, je m'efforce d'aller à la conquête du bonheur.

FRANÇOIS

Jour après jour, vingt-quatre heures à la fois, je m'efforce d'aller à la conquête du bonheur.

FRANÇOIS

Amour de l'ombre

Je sens sa présence

Je sens son absence

Une ombre sur moi

La sagesse

J'ai vu tes rides de maturité

Mais je vais te dire la vérité

Je t'aurais reconnu entre mille

Le véritable amour sans condition

Celui qui vient chercher nos émotions

A atteint mon grand cœur et mon esprit

Je veux te donner mes yeux, mon ami

Le miroir de l'âme est blanc

Les lumières scintillent dans mon ciel

Les étoiles brillent, ça c'est mon miel

Je me contente de vivre dans mon silence

Tant qu'il y aura mystère, douceur et poésie

Toute personne dans la misère sera mon ami

Aucune pitié ou sacrifice, tout est gratuit

N'est-ce pas pour ça que j'ai vu l'étoile qui luit ?

Le miroir de l'âme est blanc
Et je me mire dedans
Le miroir de l'âme est blanc, tout blanc

Température mentale
Eh là! Vous voulez m'enlever mon emploi?
Et cela malgré que j'aie des droits?
La chimie du cerveau se stabilise
Pour se défendre on se mobilise

Ma maladie n'est pas épouvantable
Quand c'est physique c'est donc plus acceptable?

Je ne resterai pas dans ma bulle
Le monde saura que je ne suis pas nulle
Aujourd'hui on dénonce les injustices
Il existe pour cela des organismes

Affectivité
La lune est ronde ce soir
Je me regarde dans un miroir
Pourquoi tant de solitude?
Venez changer mon habitude

Qui va combler mon affection ?
Je ne cherche pas la perfection

Nous avons tous de grands secrets

La folie c'est l'intelligence
Mais mon désespoir est immense

Mon cerveau est loin d'être parfait
Mais j'ai des qualités, il paraît
Cela vient combler l'imperfection
Venez m'aimer pour une bonne raison

Je suis humaine, regardez-moi !
Positive je suis, c'est ma loi

Louise Hudon, née à Trois-Rivières, demeure en Abitibi depuis septembre 1971. Elle a travaillé 35 ans à la Commission Scolaire du Lac Abitibi, sous différents titres dont celui d'enseignante.

Extraits de mes poèmes.
Merci !
Louise Hudon

Si ton ciel se couvre d'orage, relis les mots que tu as dits. Tu auras la certitude que quelque part, quelqu'un les a lus et les a compris.

Tout au long de ces témoignages, je me suis reconnu à travers les mots des autres : des morceaux de leurs souffrances, de leur vie par moments intolérable. Et j'ai vu notre être profond, caché derrière, ne demandant qu'à vivre au soleil, au milieu de l'amour et de la compréhension de ceux qui nous entourent.

Pour comprendre ce que vivent les personnes atteintes et leur entourage, il faut connaître la maladie; pour la vaincre, il faut savoir l'identifier, la dépister dès les premiers symptômes et ne plus en avoir peur. Ceci s'adresse à ceux qui en souffrent, à ceux qui n'en souffrent pas et à ceux qui en souffriront.

Un jour, une mère désespérée a demandé conseil à une ressource en place : que devait-elle faire pour convaincre son fils qui allait très mal d'accepter de se faire soigner? On lui a répondu : « Il faut qu'il touche le fond pour savoir qu'il a besoin d'aide. » Un psychiatre à qui elle racontait ça, lui a dit : « Quelqu'un est en train de faire une crise cardiaque sur le trottoir, vous le laissez là, vous attendez qu'il touche le fond, ou vous cherchez un secours immédiat? »

À quelle profondeur est ce fond? Comment savoir si on pourra jamais remonter à la surface? Quand et comment quelqu'un doit-il intervenir pour aider une personne en détresse mentale?

Une maladie mentale est une affection qui perturbe la pensée, les sentiments ou le comportement d'une personne de façon suffisamment forte pour rendre son intégration sociale problématique ou pour lui causer souffrance.

Nous n'avons pas choisi la maladie mentale. Il nous suffit d'être aux prises avec elle, sans de surcroît en avoir honte.

Nous devons en finir avec la honte.

Nous savons que le système des soins en santé mentale doit *se redéfinir et se réorganiser.* La rareté de médecins de famille et d'intervenants en santé mentale est un des maillons manquants des plus importants dans la chaîne des services en soins de santé mentale.

Les personnes souffrant d'une maladie mentale sont en droit de profiter des nombreux avantages que peut offrir une coopération pleine et entière entre les médecins, les psychiatres, les équipes de santé mentale et les organismes d'aide et de soutien. Elles sont en droit d'attendre du Centre de santé et des services sociaux (CSSS) des services de première ligne en santé mentale – en permanence – dans les CLSC. Une collaboration compétente et efficace entre la police et les services de santé, peut rapidement faciliter l'apport de soins adéquats aux personnes en situation de souffrance ou de crise.

Grâce à ces soins de qualité et à notre volonté d'améliorer notre condition, nous parviendrons, sans doute au milieu de difficultés inhérentes à la maladie, à une vie d'estime de soi et de dignité avec, nous l'espérons, beaucoup moins de souffrances.

Une personne en crise a besoin de se faire comprendre, de se calmer, de se faire soigner et encourager.

La contention est le dernier recours.

Source :
*Revue Santé mentale au Québec - psychiatrie
[1] MJ Fleury- Ph.D., Professeur adjoint, Département de psychiatrie, Université McGill, Chercheure boursière IRSC, Centre de recherche du Douglas, Institut Universitaire en santé mentale.

Une toile, deux pinceaux, des couleurs, l'inspiration du moment et c'est parti !

Une dizaine de personnes témoins dans ce livre ont participé à l'atelier de Norbert Lemire.

Ces peintures sont l'expression d'un état d'âme instantané.

L'harmonie des couleurs qui se dégage de l'ensemble a fortement inspiré les créateurs de ce livre.

« N'oublions jamais que la santé mentale nous concerne tous »

Appuyons la grande mission du RAIDDAT

Porteur d'espoir

Pour commander une reproduction (18 X 24 pouces)
au coût de 150 $, communiquez avec le RAIDDAT

*Ressource d'aide et d'information en
défense des droits de l'Abitibi-Témiscamingue*

Téléphone : 819 762-3266
Sans frais : 1 888 762-3266
raiddat3@cablevision.qc.ca